과정이 콘텐츠다

과정이 콘텐츠다

사람들은 흔들리는 여정을 사랑한다

박선오 지음

pazit

추천의 말

"한 사람의 인생은 브랜드가 될 수 있다." 제가 작가님을 통해 배운 깨달음입니다. 애플과 파타고니아는 그들의 사업에 혼을 담았습니다. 그 결과 그들은 명실상부한 브랜드가 될 수 있었죠. 작가님에겐 특별한 재능이 있습니다. 한 사람의 혼을 깨워, 브랜드화하는 재능입니다. 그는 깊은 대화를 통해, 그 사람 안에 잠재된 메시지를 발견해 브랜드로 발전시킵니다. 브랜딩의 본질을 알고 싶은 분들이라면, 이 책을 읽어보시길 권합니다.

— 김명호, 데이먼 심리 코칭 대표, 구독자 5만 명 유튜버

이제 마케팅은 더 이상 '제품을 다 만들고 나서 시작되는 것'이 아닙니다. 제품이 처음 기획되고 만들어지는 그 과정 자체를 공유하고, 그 안에 담긴 스토리에 공감하는 고객을 모으는 것이 새로운 시대의 마케팅 패러다임입니다.

이 책에서 말하는 저니로그는 자신의 제품이나 서비스를 널리 알리고자 하는 모든 사람에게 꼭 필요한 성공의 열쇠입니다. 저니로그를

잘 활용한다면, 마케팅 비용에 대한 부담도 크게 줄일 수 있습니다. 팔려고 애쓰지 않아도, 스토리에 공감한 사람들이 서로 알려주고 스스로 마케팅해 주는 가장 이상적인 구조, '팔지 않아도 팔리는 시스템'이 만들어지기 때문입니다. 이 책의 내용을 잘 이해하고 자신만의 분야에 맞게 적용해 나간다면, 분명히 성공에 한 걸음 더 가까워질 것이라 확신합니다. 이 귀한 통찰을 나눠주신 박선오 작가님께 진심으로 감사의 인사를 전합니다.

— 이석연, 화장품 기획 개발 컨설턴트, VT CICA 제품 개발자

이 책은 모두가 해야 한다는 것을 알지만 하기 힘든 것에 대해 다룹니다. 바로 여정의 기록입니다. 하지만 이 책은 그 힘든 기록을 누구나 할 수 있게 만들어 줍니다. 심지어 여정을 기록하지 않으면 절대 살아남을 수조차 없는 시대에서 가장 최적화된 솔루션을 제공합니다. 특히 선오 대표님은 아무도 눈여겨 보지 않은 '과정 공개 콘텐츠'로 인스타에 1.7만 팔로워를 만들었습니다. 잠재의식과 행동을 융합하고, 그 여정의 기록으로 저니로그라는 신개념을 창시해 기적적인 결과를 만들었습니다. 그 마법 같은 결과를 이 책에서 공유합니다. 브랜드나 1인 기업의 퍼스널 브랜드를 한다면 반드시 읽어야 하는 책입니다.

— 김서한, 비즈니스 컨설팅 에이그라운드 대표

• 차례 •

추천의 말   004
프롤로그 기록하고, 보여주고, 연결하라   008

1장   과정이 콘텐츠가 되는 순간 브랜드가 된다

여정을 기록하는 것이 콘텐츠의 시작이다   017
사업을 시작하며 배운 것을 드러내다   020
유튜브로 '나'를 드러내다   024
'과정을 보여주는 콘텐츠'를 발견하다   028
업로드 4개월, 인스타그램 팔로워 1만 명을 달성하다   032
기록하는 과정에서 기회를 얻다   035

2장   과정은 강력한 힘을 가지고 있다

사람들은 완성된 결과보다 흔들리는 여정을 사랑한다   043
과정 공개 콘텐츠로 사람들의 마음을 사로잡아라   047
성공적인 사례를 분석하고 영감을 얻어라   055
나만의 이야기에서 콘텐츠 아이디어를 찾아라   069

3장 누구나 과정을 보여줄 수 있다

솔직한 과정에는 온통 장점만 있다   077
두려움을 마주하고, 불안과 완벽주의를 내려놓아라   082
내면을 탐구하고 진짜 나를 드러내라   090
스스로 현실과 상황을 만들어라   105
'사명'을 만들어 콘텐츠 제작의 이유를 더하라   115
나 자신의 존재 자체를 긍정하라   130
롤모델을 찾고 빙의하라   138

4장 과정을 보여주면 팬덤이 생긴다

영상으로 과정을 생생하게 전하라   145
훅으로 시선을, 스토리로 마음을 사로잡아라   148
유튜브와 인스타그램에서 적합한 형식을 찾아라   154
공감으로 연결하고, 관계를 쌓아 팬심을 만들어라   162

5장 과정 공개 콘텐츠 제작법은 따로 있다

기록을 위한 도구를 준비하고, 활용하라   175
빛, 각도, 이야기로 감각적인 영상을 만들어라   181
편집으로 메시지를 강화하고, 쉽게 전하라   187
섬네일, 제목, 카피로 사람들을 끌어들여라   191
글쓰기로 깊이를 더하고, 이야기를 완성하라   195
단계별 프로세스로 체계적으로 콘텐츠를 발행하라   200

에필로그   기록을 멈추지 마라   211

프롤로그

기록하고, 보여주고, 연결하라

　우리는 늘 완성된 결과물에만 주목해 왔다. 반짝이는 성과, 완벽하게 마무리된 프로젝트, 감탄을 자아내는 걸작은 사람들의 시선을 끌었다. 이에 반해 그 뒤에 숨겨진 수많은 실패와 시행착오, 혼돈과 깨달음의 흔적은 쉽게 잊힌다. 마치 공연이 막을 내린 뒤 무대 뒤편의 배우들과 스태프들의 고된 노력이 눈에 보이지 않듯이. 그러나 나는 어느 순간 깨달았다. 이제는 그 무대 뒤의 이야기가 더 중요하다는 것을. 진정한 가치는 그 과정에 있기 때문이다.

　이 책을 쓰게 된 계기는 단순하다. 어느 날 SNS에 올린 콘텐츠가 기대 이상의 반응을 얻으면서부터였다. 정말 고대하던 순간이었다. 이날이 오기까지 1년 동안 인내의 시간을 보냈다. SNS 콘텐츠를 주제로 공부하고 업로드했지만 반응은 생각보다 좋지 않았다. 하지만 내 능력이 여물어가는 과정이라 생각하고 콘텐츠 제작을 멈추지 않았다. 그렇게 1년 정도 됐을 무렵, 실마리를 발견했고 이때부터 올린 콘텐츠는 이전과는 확연히 다른 반응을 보이며 내 SNS 계정은 급속도로 성장했다. 예상했던 범주 이상의 좋은 반응이 나왔다. 내가 완숙했기 때문이 아니다. 아이러니하게도 SNS 콘텐츠 제작에 완벽하지 않은, 오히려 부족하고 서툰 모습이 더 큰 공감을 불러일으킨 것이다.

"어떻게 저렇게 솔직할 수 있지?"
"나도 저런 시기를 겪었는데…"

나는 그때 깨달았다. 사람들은 결과보다 그 결과를 만들어가는 여정, 즉 '과정'에 더 큰 관심을 가진다는 것을.

그 깨달음은 단순한 직관이 아니라 이론적으로도 뒷받침된다. 심리학자 캐롤 드웩Carol Dweck은 "'성장 마인드셋'이란 자신의 능력이 노력과 학습을 통해 향상될 수 있다는 믿음"이라고 말했다. 사람들은 완벽한 성공보다 성공을 위해 발버둥 치는 여정에서 더 많은 것을 느끼고 배운다. 실패에서 얻은 교훈, 다시 일어서려는 의지와 숱한 좌절 속에서 빛을 찾으려는 몸부림. 이것이 바로 진짜 이야기다.

이 책을 쓰기 전에 오바라 가즈히로의 『프로세스 이코노미』에서 깊은 영감을 얻었다. 그의 주장은 단순하면서도 강렬했다.

"결과가 아닌 과정 자체가 경제적 가치가 될 수 있다."

이 말은 나에게 사고의 전환을 일으키게 했다. 우리는 늘 결과를 내세웠지만, 이제는 그 결과를 만들어가는 여정, 그 과정 자체를 보여주는 것이 가치가 될 수 있다는 것이다. 소비자는 더 이상 완제품이나 완벽한 서비스만을 원하지 않는다. 그것이 어떻게 만들어졌는지, 그 과정에서 어떤 고민과 실패가 있었는지, 그 속에서 어떤 이야기가 탄생했는지 알고 싶어 한다.

사람들이 과정에 끌리는 것은 단순한 호기심 때문만이 아니다. 인간은 본능적으로 진정성을 추구한다. 겉으로만 번지

르르한 결과보다 그 결과를 얻기 위해 거친 여정이 더 진짜라고 느낀다. 우리가 소셜미디어에서 무결점의 완벽한 사진보다 약간 흔들리고 어설퍼도 진심을 담은 일상의 한 장면을 더 좋아하는 이유도 그 때문이다. 그 안에는 '진짜'가 담겨 있다.

<u>이 책은 바로 그 '진짜'를 기록하고, 보여주고, 연결하는 방법에 관한 이야기다.</u> 여러분의 여정, 여러분의 과정이 콘텐츠가 될 수 있다는 것. 그리고 그 콘텐츠가 누군가에게는 영감이 되고, 때로는 용기가 될 수 있다는 사실을 담았다.

창작자가 아니어도, 스타트업을 운영하지 않아도, 심지어 SNS에서 유명하지 않아도, 누구나 자신의 과정을 기록하고 공유할 수 있다. 기록은 스스로에게 솔직해지는 도구이고, 공유는 타인과의 연결을 만드는 방법이다. 이는 단지 개인의 성장을 위한 것이 아니다. 여러분의 이야기가 누군가에겐 든든한 길잡이가 될 수 있다.

기록은 한 사람의 경험을 시간의 흐름 속에 묶어두는 것이다. 그것은 일기일 수도 있고, 블로그일 수도 있으며, 영상일 수도 있다. 무엇을 기록할지는 여러분의 선택이다. 무언가를 대중에게 공개하는 것은 그것을 세상과 나누는 일이다. 반드시 많은 사람에게 보여줄 필요는 없다. 단 한 사람에게라도 진심이 전해진다면, 그 기록은 가치가 있다. 연결은 기록을 통해 사람들과 감정을 나누는 것이다. 누군가가 여러분의 기록을 보고 '나도 저랬었지'라고 느낀다면, 이미 그 순간 <u>연결</u>된 것이다.

여기서 중요한 것은 완벽함이 아니다. 오히려 그 반대다. 과정은 본질적으로 불완전하다. 실패할 수 있고, 흔들릴 수 있으며, 때로는 무의미해 보일 수 있다. 하지만 그 불완전함이야말로 과정의 진정성을 증명한다. 우리는 모두 불완전한 존재이고, 그렇기 때문에 더 깊이 공감할 수 있다.

<u>결과를 자랑하지 말라, 과정을 공유하라</u>. 사람들은 이제 더 이상 성공을 궁금해하지 않는다. 성공에 이르는 여정을 궁금해한다. 그것이 바로 이 책의 핵심이다. 그리고 그 과정은 여러분을 더욱 진정성 있는 사람으로, 신뢰할 수 있는 브랜드로 만들어 줄 것이다.

이 책이 여러분의 여정을 기록하고, 보여주고, 연결하는 데 작은 도움이 되기를 바란다. 여러분의 이야기가 누군가에게는 큰 영감이 될 수 있을 것이다. 그 여정에서 얻은 깨달음과

감동을 기록하고, 보여주고, 세상과 연결하라. 그것이 바로 과정이 콘텐츠가 되는 순간이다.

당신의 여정이 누군가의 시작이 되기를.

저자 박선오

○

여정을 기록하는 것이
콘텐츠의 시작이다

 우리는 언젠가부터 "과정보다는 결과가 중요하다.", "결과만 좋으면 과정은 어떻든 상관없다."라는 말을 당연시해 왔다. 정확한 시점을 알 수 없을 만큼 과정보다는 결과가 중요하다는 말을 우리는 사실처럼 믿고 살아오고 있다. 마케팅할 때도, 광고할 때도, 콘텐츠를 만들 때도 결과에 포커스를 맞춘다. 우리 모두 아웃풋 이코노미 방식에 익숙해져 있다.

 '아웃풋 이코노미'란 상품을 완성한 후 판매하는 방식으로, 대부분의 기업이 가장 원초적으로 활용한다.

 하지만 시대가 변했다. 이제는 결과도 중요하지만, 과정도 이 못지않게 중요하다.

 앞으로는 '아웃풋 이코노미'가 아닌 '프로세스 이코노미'의 시대가 도래할 것이다. 이는 완성된 결과물을 보여주는 게 아니라 완성품이 나오기까지의 과정을 보여주는 것이다.

크라우드 펀딩을 예시로 들 수 있다. 먼저, 새로운 유형의 제품을 만들겠다는 아이디어를 제시한다. 그리고 이 아이디어에 관심을 갖는 사람들이 소액으로 투자하고, 투자를 받은 사람은 제품이 만들어지는 과정을 지속적으로 공유한다. 이 과정을 통해 사람들은 기대감과 팬심이 생기며 충성 고객이 되는 것이다. 그리고 이 충성 고객은 바이럴을 만들어 새로운 고객을 불러온다.

프로세스 이코노미는 유형의 제품에만 국한되지 않는다. 이제는 세계적인 아티스트가 된 BTS는 무대에 오르기까지의 과정을 SNS를 통해 전 세계에 알렸다. 초창기부터 멤버들의 일상(아침 기상에서부터 온종일 춤 연습을 한 뒤 취침에 드는)을 유튜브에 올렸고 이는 순식간에 바이럴 되었다. 이 영상들이 이슈가 되어 'ARMY'라는 탄탄한 팬층이 형성되었고, 이들을 세계적인 팝스타로 만드는 주춧돌이 되었다.

나는 '과정을 보여주는 콘텐츠'를 '저니로그journeylog'라고 정의하여 부른다. '저니로그'는 여정, 과정을 의미하는 'journey'

와 기록을 의미하는 'log'를 합친 단어다. 이름에서 알 수 있듯이 과정을 보여주는 콘텐츠는 한두 개의 대박 콘텐츠로 조회 수를 크게 터뜨리는 것에 중점을 두지 않는다. 오히려 콘텐츠 하나하나의 조회수보다 계속해서 쌓이는 기록들이 엄청난 위력을 발휘한다. 그래서 저니로그를 꾸준하게, 일관되게 하는 것이 중요하다.

우리는 BTS처럼 세계적으로 유명해질 필요가 없다. 한 개인에게는 그저 1만 명, 이마저도 부담된다면 1000명만 있어도 좋다. 인스타그램 계정들을 보라. 팔로워가 1천 명, 1만 명이 넘어가는 사람들은 갈수록 늘고 있다. 유튜브 채널도 구독자 수가 1만 명, 10만 명을 거뜬히 넘긴다. 그런 사람들을 보며 보통 '나는 저렇게 될 수 없어.'라고 생각한다. 하지만 누구든 그 대열에 낄 수 있다. 그 방법의 하나가 바로 '과정을 콘텐츠로 보여주는 것'이다. 나 역시 과정을 보여주는 콘텐츠를 통해서 인스타그램에서 팔로워 1만 명을 달성했다. 나도 여러분과 마찬가지로 팔로워 1만 명 이상의 스몰 인플루언서가 된다는 것은 먼 나라 얘기라고 생각했다. 하지만 이 불가능한 일을 가능하게 해준 것이 저니로그다.

사업을 시작하며
배운 것을 드러내다

〈보이스〉라는 영화가 있다. 영화는 전직 형사인 남자 주인공이 보이스 피싱 조직에 잠입해서 그 실체를 파헤치는 내용이다. 나는 이 영화에 출연했다. 그러나 아무도 나를 알아볼 수 없다. 109분 러닝타임 중에 나조차도 나를 겨우 찾았다. 나는 보이스 피싱 조직의 제일 말단이었다. 말단 중 1도 2도 아닌 23이었다. 그렇다. 나는 무명 배우였다.

무명 배우는 고달프다. 생계유지를 위한 선택지가 제한되어 있다. 정해진 시간에 일을 해야 하는 단기 아르바이트의 일은 병행할 수가 없다. 촬영이나 오디션이 언제 들어올지 모르기 때문이다. 그래도 먹고는 살아야 하니 컴퓨터 앞에 앉아 틈새로 할 수 있는 알바 자리를 검색해야만 했다. 그때 내 눈에

영화 〈보이스〉 中

들어온 '일급 30만 원/초보 가능/원할 때만 업무 가능'이었다. 이 일은 보조출연, '엑스트라 역할'이었다. 내게는 아주 제격이었다. 원하는 날을 조율해서 일할 수 있고, 돈도 벌고, 드라마 및 영화 촬영 현장도 눈앞에서 볼 기회였기 때문이다. 누구나 엑스트라로 출연하면 갖는 로망이라지만, 촬영 중 감독님 눈에 띄어 기적적으로 배우 데뷔를 하게 되는 상상도 했었다.

그런데 2년 가까이 해 보니 내 기대와 너무 달랐다. 엑스트라 일을 오래 하면 감독님 눈에 띌 수는 있다. 그런데 이게 주연 배우를 꿈꾸는 사람에게는 좋은 게 아니다. 그저 '엑스트라 전문 배우'로 감독님께 눈도장이 찍히는 거다. 그러면 결국 엑스트라 배우로만 남게 된다. 엑스트라 2년 차에 이 사실을 깨닫고 보조출연 자리를 과감히 그만두었다.

'그만두겠다'라는 말을 하기까지 한 달을 걱정으로 보냈다. 앞날을 생각하면 '보조출연'을 관두어야 하는 건 맞는데, 그러면 무엇으로 생계유지를 해야 할지 까마득했다. 그렇다고 가만히 있을 수는 없었다. 나는 다시 컴퓨터 앞에 앉았다. 이번에는 검색 플랫폼이 아닌 유튜브 창을 열었다. 이때 내 눈에 들어온 것이 '무자본 창업'이라는 단어였다. 무자본 창업을 키워드로 한 영상들을 쭉 보고 나서 나는 머리를 크게 한 대 맞은 기분이었다. 내가 지금까지 생각해 온 창업, 사업에 대한 틀을 완전히 깨부순 영상들이었기 때문이다.

그동안 내가 생각한 '사업'은 애초에 자본이 많은 사람만 할 수 있는 특권에 가까운 것이었다. 무자본인 사람은 절대 해서는 안 되는 영역으로 알고 있었다. 막연한 생각에 사업은 그럴듯한 사무실이 있어야 할 수 있는 것이라 생각했다. 하지만 완전한 착오였다.

유튜브가 보여준 사업은 '지금이라도 당장 시작할 수 있는' 분야였다. 세상에 존재하는 수많은 문제를 해결할 방법 중 내가 지금 바로 시작할 수 있는 건 '사업'이었다. 무엇보다 지금은 인터넷이 발달해 사무실과 같은 공간이 없어도 소자본으로 창업할 수 있는 시대라는 걸 알게 되었다.

<u>소자본 창업에 이어 또 한 번 내 머리를 세게 내리친, 나를 설레게 만든 네 글자는 바로 '지식 창업'이었다.</u> 보통 사업이라고 하면 형태가 있는 제품을 제조해서 판매하는 것을 생각한다. 하지만 무형의 제품도 사업이 가능했다. 내가 알고 있는 지식이나 정보를 남에게 가르쳐주는 교육, 상담, 컨설팅 등도 사업이라는 것을 알게 되었다. 그렇게 내게 가장 먼저 떠오른 것은 바로 '연애 상담'이다.

○

유튜브로
'나'를 드러내다

"내가 아직 누굴 만날 그릇이 아닌 것 같아."

 이 말은 내게 더 이상 낯선 문장이 아니었다. 이성으로부터 한두 번 들어본 말이 아니었으니까. 나는 늘 이성에게 거절을 당하는 남자였다. 처음엔 그녀들이 '나'라는 사람의 가치를 몰라주는 것이라 생각했다. 그저 인연이 아닐 뿐이라고 여겼다. 그러던 어느 날, 기시감을 느꼈다. 모두 다른 여자인데도 이상하게 거절하는 방법은 다 비슷했다. 늘 똑같은 말을 반복적으로 듣고 있다는 걸 깨달았다. 자존심은 무척 상했지만 결국 인정해야 했다.

'나한테 문제가 있는 거구나.'

그렇게 받아들이자 내 뇌는 다른 방향으로 사고하기 시작했다. 나는 왜 호감형 외모를 갖고 있음에도 여자들에게 거절을 당하는지, 어떤 문제점들이 있는지 객관적으로 바라보기 시작했다. 사람의 심리, 남녀 심리에 관련된 책들을 읽고 내 문제들을 인지하고 고쳐간 끝에 내가 겪던 연애 문제는 사라졌다. 그다음 마음속에 떠오른 한 문장은 이거였다.

'나와 비슷한 문제를 겪고 있는 남자들에게 연애를 잘하게 되는 법을 알려주고 싶다.'

하지만 딱 거기까지였다. 이 한 문장을 가슴에 품은 채 2년을 살아왔다. 알려주고 싶은 마음을 품는 건 좋은데 어떻게 알려줘야 할지 떠오르지 않았다. 물론 손을 놓고 있었던 것은 아니다. 뭐라도 해봐야겠다는 생각에 블로그에 칼럼을 하나 썼다. 그러나 쓰고 보니 영 만족스럽지 않아 삭제해 버렸다. 그렇게 실제 행동은 하지 않은 채 '나와 비슷한 문제를 겪고 있는 남자들에게 알려주고 싶다'라는 문장을 접어놓고 살아오던 어느 날, '무자본 창업', '지식 창업'을 알게 된 것이다. 접혀 있던 마음이 다시 불타올랐다. 그렇게 연애 상담은 나의 첫 사업의 아이템이 되었다.

   막막했다. 아무것도 없는 망망대해에 떠 있는 느낌이었다. 일단 뭐라도 해 보자는 생각으로 블로그에 칼럼을 몇 개 썼다. 하지만 반응은 없었다. 같은 분야의 선배들을 찾아보니 이미 그들은 그럴듯한 홈페이지를 갖고 있었다. 나 역시 그들을 따라 홈페이지를 열심히 만들었다. 처음 만들어보는 거라 2~3일을 붙잡고서야 겨우 완성됐다. 홈페이지를 개설하고 설레는 마음으로 잠이 들었다. 하지만 다음 날, 아무 문의도 들어오지 않았다. 그다음 날, 그다음다음 날에도 문의는 여전히 0건이었다. 홈페이지 유입수를 확인해 보았다. 하루에 10명도 채 안 되었다. 그제야 점점 문제가 인지되기 시작했다. 연애 상담을 주제로 한 업체와 홈페이지가 이미 차고 넘치는데, 이제 막 어설피 만든 내 홈페이지를 검색해서 들어올 리 만무하다는 걸 깨달았다. 그래서 블로그 글을 쓸 때 홈페이지 링크를 넣으며 글을 쓰기 시작했다. 이때 또 하나 더 깨달은 것은 글만으로는 내용 전달에 한계가 있고, 동영상 콘텐츠를 발행해야 한다는 판단이 섰다. 유튜브 채널을 만들기로 한 것이다.

　새로 카메라를 살 필요도 없었다. 원래 갖고 있던 삼각대에 휴대폰을 끼워서 촬영했다. 촬영한 영상을 '뱁믹스'라는 동영상 편집 무료 프로그램으로 편집했고, 섬네일을 만들어 대망의 첫 유튜브 영상이 업로드되었다.
　첫 영상의 조회수는 2천 회 가까이 나왔다. 조회수가 너무 적게 나왔다는 생각에 실망했는데 나중에 알고 보니 막 생성한 유튜브 채널에 올린 첫 영상에 이 정도 조회수가 나온다는 것은 굉장히 준수한 수치였다. 그 이후로도 계속 동영상을 제작해서 올렸다. 유튜브 동영상에 상담 신청 링크를 넣어두자 한두 명씩 문의가 들어왔다. 약 30편 정도 만들었을 때, 또 한 번 생각의 전환이 찾아왔다. 홈페이지를 만들고 유튜브라는 마케팅 채널을 늘리자 문의가 늘어난 것처럼 채널을 하나 더 확장해야겠다는 생각이었다.
　그렇게 인스타그램을 시작했다. 개인 일상용으로만 올리던 인스타그램을 특정 주제를 가진 브랜드 계정으로 바꾸는 작업을 하기로 했다.

'과정을 보여주는 콘텐츠'를 발견하다

'이건 내가 다시 태어나지 않는 한 잘할 수 없어. 이 분야는 이번 생에선 절대 잘할 수 없어…'

누구나 이런 분야가 하나씩 있다. 잘하고 싶지만 아무리 해봐도 실력이 늘지 않는 분야. 남들은 잘만 하는 거 같은데 나는 잘 안되는 그런 골칫덩이 분야가 하나씩 있다. 내게는 인스타그램의 릴스가 딱 그 분야였다.

인스타그램을 시작했을 때에는 이미지 게시물이 대세였다. 그래서 대세를 따라 이미지 게시물을 올리며 팔로워 1,000명을 달성하게 되었다. 이후 트렌드는 릴스가 되었고, 나 역시 릴스를 제작해 보기로 했다. 왜 많은 사람이 장황한 계획만 세우다 실행의 문턱에서 포기하는지, 왜 마음먹은 대로 삶이 진행되지 않는지에 대한 내용을 제작했다. 길이가 5분이 넘어가는 유튜브 영상을 몇십 개나 만들어본 나는 자신이 있었다. 그러나 생각과 달리 릴스의 반응은 좋지 않았다. 조회수도 많이 안 나오고 팔로워도 늘지 않았다. 5분짜리 유튜브 영상과 1분 미만의 릴스는 엄연히 차이가 있었다. 이 차이를 극복하고자 끊임없이 올려보았지만 릴스의 반응도는 여전히 낮았다.

인스타그램에 관련된 도서도 읽고 릴스 제작법에 대한 강의도 유료 결제해 시청했다. 책과 강의를 통해 배운 걸 토대로 릴스를 만들어서 올렸다. 그렇게 1년을 시도했지만 여전히 내 인스타그램 팔로워는 1,000명에 머물러 있고 조회수 역시 낮았다.

그러던 어느 날, 책을 읽다가 "사람들은 스토리에 반응한다."라는 문구를 보게 되었다. 그전에도 봤던 문장이고 모르는 문장이 아니었는데 그날은 다르게 느껴졌다. 이는 '릴스로 사람들에게 스토리를 보여주어야 하나'라는 생각으로 이어졌고 1년 전에 읽었던 한 권의 책이 뇌리를 스쳐 지나갔다.

오바라 가즈히로의 『프로세스 이코노미』에서는 결과보다

과정을 보여주는 것이 얼마나 큰 힘을 갖는지를 말한다. '프로세스 이코노미'란 어떤 상품이 완성되기 전, 만들어지는 과정을 사람들에게 보여주고, 과정을 본 사람들은 해당 상품에 대한 팬심이 생겨 제품이 출시되었을 때 구매하는 행위를 말한다. 대부분의 영업은 이와 반대인 아웃풋 이코노미를 따른다.

앞서 이야기했듯이, '아웃풋 이코노미'란 상품을 완성한 후 판매하는 방식이다. 이는 영업의 가장 기본적인 판매 방식이며, 특히 자본력이 많은 대기업이 잘 활용하는 전략이다. 상품을 개발해서 완성한 뒤에 광고와 마케팅에 대규모 자본을 투자하여 대중에게 널리 알리는 방식이다. 반면, 프로세스 이코노미는 결과물이 존재하지 않을 때부터 사람들에게 과정을 공유한다. 본인만의 아이디어나 철학을 기반으로 무언가를 만들겠다는 목표를 선언하는 것부터 시작한다. 그 이후에 목표에 다가가는 과정을 보여준다. 아이디어나 철학에 공감하는 사람들이 점점 많아지고, 결과물이 완성되기 전부터 구매자 혹은 팬들이 생기게 된다.

아웃풋 이코노미는 큰 자본이 필요하다. 완성된 결과물을 보다 더 많은 사람에게 알리기 위해 마케팅과 광고를 하기 때문이다. 알려야 하는 사람이 많으면 많을수록 마케팅비, 광고비는 상승한다. 게다가 자본이 충분하다고 해서 해결되는 것도 아니다. 자본이 충분하더라도 기획력이 부족하면 성과를 내지 못하고, 결국 투자비만 낭비하게 될 가능성이 크다.

반면, 프로세스 이코노미는 자본이 부족하더라도 성공할 수 있다. 완성된 제품을 알리기 위해 마케팅 비용이나 광고비를 사용하는 게 아니라 콘텐츠로 과정을 보여주면서 팬을 모으기 때문이다. 게다가 한 번 시도한 결과가 기대에 미치지 못하더라도, 큰 비용을 들이지 않았기 때문에 다시 도전하거나 피벗 해서 다른 시도를 할 수 있다는 장점도 있다.

○

업로드 4개월,
인스타그램 팔로워 1만 명을 달성하다

　자기계발 분야에서 막강한 퍼스널 브랜딩으로 1만 명의 팔로워를 거느리는 분들을 보면 늘 부러웠다. 본인들의 메시지를 많은 팔로워에게 전달하여 영향력을 끼치는 것이 대단해 보였고, 나 역시 그렇게 되고 싶었다. 앞서 언급한 대로 인스타그램 계정 육성법에 관련된 책을 읽고 릴스 제작 강의를 수강했다. 배운 걸 토대로 릴스를 제작해서 1년간 꾸준히 업로드했다. 그렇게 많은 연구와 시도를 했음에도 내 팔로워 수는 좀처럼 1천 명 언저리에 늘 멈춰있었다.

　뭐가 문제일까, 어떻게 하면 좋을까를 계속 고민하던 어느 날, 한 가지 아이디어가 떠올랐다. 과정을 보여주는 콘텐츠, 프로세스 이코노미를 적용한 콘텐츠였다. 근래에 나온 동영상 콘텐츠 중 조회수가 잘 나오고 '좋아요'도 많이 나오는, 즉 시청자가 좋아하는 동영상 콘텐츠들에는 '과정을 보여준다'라는 공통점이 있었다. 이보다 더 놀라웠던 건 이 공통 요소를 지닌 콘텐츠는 최근뿐만 아니라 과거에서부터 늘 시청자들에게서 좋은 반응을 얻었다는 사실이었다. 과정을 공개하는 것은 시대와 유행을 타지 않는, 웰메이드 콘텐츠의 요소였으며, 매번 시청자들에게 사랑을 받았다.

내 인스타그램에도 이 방식을 적용해 보기로 했다. 이전까지 내 콘텐츠들의 주제는 '실행은 중요하다. 그럼에도 실행을 하지 못하는 것은 무의식과 잠재의식 때문이다. 무의식과 잠재의식은 컨트롤할 수 있으며, 이것이 가능하다면 어떤 실행이든 할 수 있다.'였다. 하지만 기존에 이런 메시지를 전하는 콘텐츠들은 많았다. 동기부여 계정들이 대부분 그러했다. 해외의 성공한 사업가가 하는 말, 국내 유명인의 어록을 편집한 콘텐츠들이 모두 실행의 중요성을 역설한다. 하지만 이들 중에 실행의 과정을 보여주는 콘텐츠는 없었다.

'실행이 중요하다'라고 주장하는 본인은 얼마나 실행을 잘하는지, 그 과정을 보여주기로 했다. 그렇게 남들이 선뜻하기 어려운 실행들을 해내는 과정을 릴스로 제작해서 있는 그대로 보여주는 것이다. 그 결과, 1년 동안 지지부진하던 반응들이 폭발적으로 늘었다. 과정을 공개하는 릴스를 발행하기 시작한 시점부터 4~5개월 만에 팔로워가 1천 명에서 1만 명이 되었다. 이 책을 쓰고 있는 시점에는 1.7만 명의 팔로워를 보유하고 있다.

기록하는 과정에서
기회를 얻다

'실행이 중요하다'라는 주제의 콘텐츠를 업로드하면서 남들이 하기 어려운 실행을 했던 것 중의 하나는 마케팅 대행 일의 계약이었다. 어린 나이에 큰 수익을 얻어 성공한 해외의 사업가들을 보니 공통적으로 마케팅 대행으로 사업을 시작했다는 것을 알게 되었다. 그동안은 마케팅을 공부한 뒤 오직 내 사업에만 적용해 왔지만, 이후 다른 사업체의 마케팅을 대행하는 것에 도전해 보기로 했다. 문제는 나 같은 무지렁이에게 마케팅 대행을 맡기는 분이 없다는 것이었다. 결국 나는 집 근처에 일면식도 없는 사업체에 무작정 찾아가 마케팅 대행 일을 제안했다.

먼저 갈비탕을 파는 식당과 필라테스숍을 찾았다. 그리고 이 실행 과정을 릴스로 제작해 업로드했다. 그러자 이 릴스를 시청한 뒤 마케팅 대행 일을 맡겨보고 싶다는 곳에서 연락이 왔다. 그중 한 곳의 일을 맡아 블로그 글을 통해 신규 고객 유입을 만들어 드렸다.

인스타그램 팔로워가 1만 명이 되자 여러 협찬, 광고들이 DM으로 들어왔다. 거의 한 달에 1번꼴로 협업 또는 광고 문의들을 받았는데, 주로 상품이나 서비스를 소개하는 콘텐츠에 대한 요청이 많았고, 콘텐츠 하나당 일정 금액을 지불한다는 제안이었다. 이 중에서 내가 진행한 건은 오직 1건이었다. 최소 1건당 20만 원의 수입이라 의뢰받은 모든 일을 진행하면 부수입으로 꽤 쏠쏠하겠지만, 이는 단기적인 시각이다. 나는 늘 모든 일을 장기적으로 생각하려고 노력한다. 게다가 제안 주시는 것들 대부분은 나의 인스타그램 계정의 주제와 맞지 않았다. 주제와 어긋나는 것들을 당장의 수익을 위해서 콘텐츠로 만들어 올린다면 나를 팔로우하는 분들과의 신뢰가 깨질 수 있다. 팔로워들이 내 계정에 들어오는 것은 상품이나 서비스의 홍보를 보기 위함이 아니다. 그들이 실망하는 순간, 어렵게 쌓아 올린 나의 신뢰는 무참히 사라질 것이다.

내가 진행한 1건은 동영상 편집 강의에 대한 홍보였다. 동영상 콘텐츠의 제작에 대한 수요는 앞으로도 더 많아질 것이다. 대세인 동영상 콘텐츠 1건만 올인하는 것이 영상물의 질적 수준을 위해서도, 앞으로 내 이름을 건 영상을 드러내기에도 가장 적합하다.

'팔로워 1만 명'이라는 실체는 하나의 경력과도 같은 역할을 한다. 누구나 다 아는 대기업을 다니다가 퇴사하면 그 이력이 사람들에게 어필할 수 있는 것처럼 팔로워 1만 명은 더 없이 소중한 홍보 수단이다.

이외에도 브랜드를 만들어 매각하시는 대표님께서 내 인스타그램을 보고는 같이 일해보고 싶다는 연락을 주시기도 했다. 좋은 조건을 제안해 주셨지만, 내 사명과는 맞지 않아 정중히 거절했다. 또한 콘텐츠 제작에 대한 강의도 진행하며 새로운 수익을 창출할 수 있게 되었다.

이런 과정을 거쳐 마케팅 대행 일은 콘텐츠 제작 대행 일로 확장되었다. 누군가는 콘텐츠를 만들어 홍보하고 싶지만 그 과정이 너무 길고 지난해 포기한 분들이 있다. 이런 분들은 대행이 필요하다. 그 일이 지금 내가 하고 있는 일이다.

업무는 더욱 확장되어 책까지 출간하게 되었다. 바로 집필하고 있는 이 책이다. 출간 기획서와 예비원고를 작성한 뒤 약 500곳의 출판사에 메일을 보냈다. 메일에 인스타그램 계정 링크를 적어두었는데, 출판사 대표님께서 인스타그램을 보시고서 출간 제의를 주셨다. 지금까지 내가 해 온 일들의 과정을 인상 깊게 보신 모양이다. 그렇게 이 책은 세상을 맞이하게 되었다.

무엇보다 제일 기쁜 건 그간 원했던 일이 실현되고 있다는 것이다. 사람들은 '○○만 하면 월급 외 수익', '하루 4시간만 일해서 월급만큼 버는 법', 'AI로 월급 버는 법'과 같은 방법들에 혹한다. 그들은 매출을 창출하는 데에는 무언가 특별한 방법이 있을 거라 생각하고 그것을 알기만 하면 당장이라도 수익을 낼 수 있을 거라 믿는다. 하지만 내가 경험한 바로도 그렇고, 다른 분을 코칭했을 때 역시 알게 된 사실은 단지 방법을 배운다고 해서 매출로 이어지지 않는다는 것이다. 그보다 나 자신을 '실행할 수 있는 상태'로 만드는 게 먼저다. 사람들은 본인에게 맞는 방법이 나타날 거라 생각하지만, 실상은 자신의 내면 상태, 즉 마인드셋을 점검하고 바꾸는 것이 무엇보다 중요하다. 나는 바로 이러한 메시지를 전달하고 싶었다. 이는 '이거 하나로 월 얼마 벌었습니다, 누구나 할 수 있습니다'와 같은 혹하는 내용이 아니다. 내 메시지는 너무나 흔해 빠진 이야기지만, 과정을 보여주는 콘텐츠를 통해 사람들에게 가닿기 시작했다. 나 역시 쉽게 빠져들었던 여러 수익 창출 방법을 직접 실현하고 실패하고, 다시 일어선 모습에 1만 명의 팔로워들이 관심을 갖기 시작한 것이다. 나 자신을 실행을 잘할 수 있는 상태로 바꿔야 한다는 메시지, 그들은 그것에 관심을 갖고 귀 기울여 듣기 시작했다.

2장

과정은 강력한 힘을 가지고 있다

사람들은 완성된 결과보다
흔들리는 여정을 사랑한다

과정을 보여주는 콘텐츠는 '블루오션'이다. 주제나 카테고리가 레드오션일지라도 과정을 보여주는 콘텐츠를 하게 되면 블루오션이 된다. 어쩌면 블루오션 이상으로 유일하고 독보적인 존재감을 드러내는 'one&only'가 될 수 있다. '과정을 보여주는 콘텐츠'가 블루오션인 이유는 사람들이 '과정 공개'의 효과를 잘 모르고 있기 때문이다.

과정 공개 콘텐츠가 효과적인 것에는 시대적인 흐름과도 관련이 있다. 과거에 비해 현재는 누구나 스마트폰을 들고 다니며 언제 어디서든 손쉽게 인터넷을 사용할 수 있다. 이와 함께 유튜브나 인스타그램과 같은 SNS는 갈수록 이용자가 늘며 활발해지고 있다. 예전에는 나만 알고 있는 방법이었거나 내

블로그나 홈페이지에만 있던 정보가 이제는 유튜브나 인스타그램을 통해 보다 더 많은 사람에게 공개된다. 관심과 집중, 인정받고 싶은 심리와 맞물려 많은 사람이 적극적으로 인터넷에 정보를 업로드하기 시작했다.

이제 '희귀한 정보'는 없다. 사람들이 줄 서서 먹는 맛집의 레시피도 이제 어디서든 스마트폰으로 검색해서 알 수 있다. 이런 발전은 아웃풋들의 전체적인 퀄리티를 상승시켰다. 소비자들이 접할 수 있는 거의 모든 것의 기술적인 수준이 상향 평준화되었다. 일반 식당이나 맛집이라 불리는 곳을 가도 맛의 정도는 대체로 비슷하다. 옷을 사도 특정 브랜드를 제외하면 퀄리티 면에서 대체로 비슷하다. 사람들에게 퀄리티 자체로 특별함을 주는 것은 점점 더 어려워졌다. 이런 상황에서 사람들의 관심, 호감, 팬심을 불러일으킬 수 있는 특별함을 갖는 방법이 바로 '콘텐츠로 과정을 보여주는 것'이다.

<u>결과는 감탄을 유발하지만, 여정은 공감을 유발한다.</u> 결과를 접한 사람은 '와, 대단하다'라고 감탄만 하고 지나간다. 하지만 여정이나 과정을 보면 '나도 할 수 있을까?' 또는 '나도 저런 걸 느꼈었는데'라는 생각을 하고, '나도 해 보고 싶다'라

는 욕망이 생긴다. 이 욕망은 감정의 연결을 만들어 내고, 그 감정은 곧 팬심이 된다.

사람들은 단지 정보나 기술을 얻기 위해 콘텐츠를 소비하는 게 아니다. 그들은 '함께 걷고 있다'라는 공감을 얻고 싶고 동참하고 싶어 한다. 누군가가 아직 완성되지 않은 상태에서 뭔가를 만들어가는 그 과정을 보며 함께하는 느낌을 얻고 싶은 것이다. 이는 단순히 콘텐츠의 소비가 아닌 서사에 동참하는 행위다. 사람들은 그 여정에 감정이입하면서 '나는 이 사람을 처음부터 지켜봤다'라는 심리적 소속감을 갖게 되고, 그때부터 당신은 정보 제공자가 아닌 브랜드가 된다.

여기서 중요한 포인트가 있다. 모든 것이 상향 평준화된 지금, 유일한 차별점이 바로 이 '감정'이다. 정보는 넘쳐난다. 퀄리티도 비슷비슷하다. 이제 누가 더 잘했는지가 중요한 게 아니라, 누가 더 솔직했는가, 누가 더 인간적이었는가, 누가 더 과정을 진솔하게 나눴는가가 중요해졌다. 그리고 그 감정은 완성된 결과가 아닌, 불안정하지만 솔직한 과정에서만 발생한다. 이런 맥락에서 나는 이렇게 말한다.

"결과는 누구나 따라 할 수 있지만, 과정은 복제할 수 없다."

당신만이 겪은 실패, 당신만의 선택의 흔적, 그리고 당신만의 망설임은 콘텐츠로서의 강력한 경쟁력이 된다. 사람들은 바로 그 지점을 사랑한다.

과정 공개 콘텐츠로
사람들의 마음을 사로잡아라

앞서 언급했듯이 과정을 보여주는 콘텐츠는 사람들의 마음을 사로잡는다. 나는 이 사실을 '인생은 세일즈구나'라는 것을 깨달은 뒤 알게 되었다. 사람은 누구나 세일즈를 하고 있다. 세일즈를 얼마나 잘하느냐에 따라 삶의 질이 달라진다.

'세일즈'를 정의하자면 '나의 리소스를 다른 사람이 돈 또는 시간을 지급해서 갖고 싶게 만드는 모든 행위'다. 여기서 말하는 리소스는 내가 갖고 있는 모든 자원을 말한다. 외모가 될 수도 있고 강의 실력, 동영상 편집 실력, 콘텐츠 기획 능력, 탁월한 요리 솜씨 등등 모든 능력이 리소스에 포함된다.

일반적으로 세일즈라고 하면 영업을 떠올린다. 그리고 대부분은 본인이 세일즈와는 무관하다고 생각한다. 직장인, 교사, 경찰, 소방관처럼 상품을 팔지 않는 사람들은 세일즈와 상관없다고 '알고' 있다. 그러나 인생을 살아가는 사람이라면 누구나 세일즈를 하고 있다. 이 글을 쓰고 있는 나도, 이 글을 읽고 있는 독자도, 친구도, 가족도, 지인도 모두 그렇다. 인생은 누가 얼마나 자신을 멋지게 세일즈 하느냐에 따라 더 많은 이득과 혜택을 누리게 된다.

예를 들어 취준생은 자신의 노동력과 능력을 세일즈 하고, 회사는 그의 자기소개서, 이력서, 면접 답변 등을 보며 '쓸모 있는 자원'인지 판단한다. 판단이 긍정적이면 회사는 그를 고용하고 월급을 준다. 공무원도 마찬가지다. 국가가 시험이라는 시스템을 통해 능력을 평가하고, 점수를 기준으로 고용한다.

식당을 운영하는 사장님도 세일즈를 한다. 손님들을 끌어모이기 위해 맛이나 매장의 인테리어, 분위기에 정성을 다하고 홍보를 한다. 이 모든 것이 세일즈다.

음식 맛이 정말 훌륭한데도 장사가 안 되는 식당이 있다. 반면 음식은 평범한데 늘 손님이 가득한 식당도 있다. 차이는 세일즈에 있다. 이때 내부 인테리어를 바꾸거나 SNS 마케팅을 하거나, 당근 마켓 광고를 하는데 이 모든 것이 세일즈의 일환이다.

인간은 세일즈 되는 것도 원한다. 인간은 '트랜스 상태'에 중독된 존재다. 본인을 트랜스 상태로 만들어 주는 것에 돈 또는 시간을 기꺼이 쓴다. '트랜스 상태'란 어떤 대상에 깊이 몰입된 상태를 말한다. 감동, 즐거움, 경외감 등의 감정을 느끼며 집중하고 있는 상태다. 재미있는 드라마나 영화를 볼 때면 시간 가는 줄 모르고 몰입하게 되는데 이때 행복한 감정, 황홀감이 생긴다. 사람은 누구나 이 트랜스 상태에 빠지고 싶어 하며, 평생 이 상태를 만들어 주는 것을 찾아다닌다. 맛집 앞에 줄을 서는 미식가들, 팬심으로 텐트를 치며 기다리는 아이돌 팬들, 릴스를 끝없이 보게 만드는 인플루언서들. 모두가 트랜스 상태와 세일즈의 연결이다.

많은 사람이 내 리소스를 고가에 원한다는 건, 그만큼 트랜스 상태에 빠졌다는 뜻이다. 그래서 연예인이나 인플루언서의 몸값이 높은 것이다. 그 한 사람이 창출하는 경제적 파급력이 크기 때문이다.

그러면 이제 중요한 것은 하나다. 어떻게 하면 '나'라는 존재에 대해 사람들이 트랜스 상태에 빠지게 만들 것인가?

연예인이나 인플루언서를 보며 '나는 그들처럼 뛰어난 외모나 끼, 매력이 없는데….'라고만 생각한다. 맞는 이야기다. 우리는 그들과 같은 리소스로 사람들에게 세일즈 할 수 없다. 대신 다른 방법이 있다. 바로 '스토리'다. 사람들은 내 스토리에 세일즈 당한다. 내게 돈 또는 시간을 쓰고 싶은 마음이 생기는 것이다. 그리고 스토리는 사람이라면 누구나 갖고 있다. 그러니 본인의 스토리를 보여주어야 한다. 그럼 여기서 또 많은 사람이 반문한다.

"내 스토리는 특별하지 않은데요?"

브렌든 버처드Brendon Burchard가 쓴 『백만장자 메신저』*라는 책이 있다. 그는 모든 사람에게 고유한 경험, 지식, 통찰, 이야기가 있다고 말한다. 그리고 그 이야기는 다른 사람에게 도움

---

* 브렌든 버처드 지음, 위선주 옮김, 리더스북, 2018(원제: The Millionaire Messenger, 2011).

이 될 수 있는 소중한 자산임을 강조한다. 많은 사람이 자신의 경험이나 이야기가 특별하지 않다고 생각하는데, 그 이유는 그 이야기가 늘 곁에 있어 익숙하기 때문이다. 하지만 다른 사람에게 그 이야기는 매우 새롭고, 영감을 줄 수 있다.

자신의 이야기를 전하고, 이를 통해 다른 사람을 돕는 일 자체가 큰 가치가 있으며, 실제로 수익으로도 연결될 수 있음을 책에서 강조한다.

『1억 빚을 진 내게 우주신이 알려준 운이 풀리는 말버릇』**에서 주인공 고이케 히로시小池浩는 윌 스미스 주연의 영화 〈행복을 찾아서〉를 보며 큰 감명을 받았다고 한다. 영화는 미국의 사업가이자 투자자 크리스 가드너Chris Gardner의 실화를 바탕으로 만들어졌다. 크리스 가드너는 1980년대 초 어린 아들을 홀로 키우며 홈리스 생활을 하다, 증권중개인으로 성공해 자수성가한 인물이다. 고이케 히로시는 이 영화의 시나리오를 보며 '내 인생도 저 영화 같았으면…' 하고 부러워하다 문

** 고이케 히로시 지음, 김한나 옮김, 나무생각, 2018(원제: 宇宙さんの「引き寄せ」言葉, 2016).

득 깨닫는다. 크리스 가드너가 홈리스 생활을 하던 고난의 시기가 있었던 것처럼 고이케 히로시 본인이 현재 빚을 지고 있는 상황이 영화의 시나리오와 같다는 것을. 이후 고이케 히로시는 빚을 다 청산한 뒤 본인의 이야기를 책과 강연을 통해 사람들에게 전하며 큰 반향을 얻는다.

사람들이 자각하지 못하고 있을 뿐, 자신의 이야기는 각각 다른 영화의 시나리오 한 편이다. 타인의 입장에서 특별하게 느낄 이야기인 것이다.

사람들이 좋아할 만한 매력적인 이야기를 만들려고 애쓰지 않아도 된다. 여기 '하몬 서클'이라는 매력적인 스토리텔링 기법이 있다. 미국 작가 댄 하몬Dan Harmon이 개발한 8단계 스토리텔링 기법인 이것은 몰입과 공감을 끌어내는 데 효과적인 것으로 알려져 있다. 이 기법은 영화, 드라마, 마케팅 콘텐츠 등 다양한 분야에서 활용되고 있으며, 픽사 애니메이션이나 마블 영화에서도 이 구조가 사용되고 있다고 한다. 하몬 서클의 8단계는 다음과 같다.

- 1단계: **YOU** - 주인공의 평범한 현재의 모습
- 2단계: **NEED** - 주인공이 원하는 것을 드러냄
- 3단계: **GO** - 주인공이 원하는 것을 이루기 위해 여정을 떠남
- 4단계: **SEARCH** - 다양한 시련과 도전을 경험하며 성장
- 5단계: **FIND** - 중요 단서나 목표 발견, 결정적인 깨달음을 얻음
- 6단계: **TAKE** - 위기를 겪는 과정에서 이를 극복하며 목표를 달성
- 7단계: **RETURN** - 얻은 결과와 변화된 자신의 모습을 보여줌
- 8단계: **CHANGE** - 경험을 통해 성장하고 이전과 달라진 주인공의 모습

또 다른 유명한 기법으로는 도널드 밀러Donald Miller의 책 『무기가 되는 스토리』*에 나오는 7단계 스토리텔링이다. 〈해리포터〉, 〈스타워즈〉 같은 세계적인 영화들도 이 전개 구조를 따른다. 도널드 밀러의 스토리텔링 7단계는 다음과 같다.

- 1단계: **캐릭터** - 주인공 등장
- 2단계: **난관에 직면하다** - 주인공이 문제를 겪음
- 3단계: **가이드를 만난다** - 주인공을 이끌어주는 조력자 등장

---

* 도널드 밀러 지음, 이경남 옮김, 월북, 2020(원제: Building a StoryBrand, 2017).

- 4단계: **계획을 제시한다** - 가이드가 주인공에게 해결을 위한 계획을 제시
- 5단계: **행동을 촉구한다** - 주인공이 계획에 따라 행동함
- 6단계: **실패를 피하게 도와준다** - 주인공이 실패를 피하도록 지원받음
- 7단계: **성공으로 끝맺는다** - 주인공이 성공을 이룸

과정을 보여주는 콘텐츠는 그저 있는 그대로를 '보여주면' 된다. 그 자체가 하몬 서클이나 도널드 밀러의 스토리텔링 구조를 따른다. 두 스토리텔링 구조의 공통점은 주인공에게 문제가 발생해 곤경을 겪는 것이다. 목표를 세우고 달성해 가는 과정에서 반드시 예기치 못한 문제를 만날 수밖에 없다. 실수할 수도 있고 좌절할 수도 있다. 대부분은 콘텐츠로 좋은 모습만 보여주어야 한다는 생각에 문제가 발생하거나 실수하면 망했다고 생각한다. 그렇지 않다. 실수는 오히려 좋은 콘텐츠 소재이다. 실패하면 실패하는 대로, 실수하면 실수하는 대로 모든 것이 '과정'이기에 있는 그대로 보여주면 된다. 문제를 만났다면, 해당 문제를 해결하기 위한 행동을 과정으로 보여주면 그만이다.

○
성공적인 사례를 분석하고 영감을 얻어라

다음은 과정을 보여주는 콘텐츠 사례들이다.

〈리얼 다큐 빅뱅: BIGBANG THE BEGINNING〉

빅뱅은 데뷔하기 전, 데뷔 과정을 10부작 다큐멘터리로 공개했다. 처음 데뷔를 준비한 인원은 6명이었지만, 팀에 필요한 역량을 트레이닝하고 테스트하는 과정을 통해 최종 5명을 선정했다. 사람들은 이 다큐멘터리를 통해 이들을 응원하고 공감하면서 데뷔 전부터 팬이 되기 시작했고, 이 프로그램은 '빅뱅'이라는 그룹을 알리는 데 큰 역할을 했다. 이후 트와이스의 데뷔 과정을 보여준 〈식스틴〉, 위너의 데뷔 과정을 다룬 〈WIN: Who Is Next〉, 그리고 〈프로듀스 101〉까지 데뷔 과정을 보여주는 형식의 프로그램들이 줄이어 나왔다. 이렇게 데뷔 과정을 그린 프로그램을 통해 소개된 가수들이 인기를 끈 이유는, 그들의 여정에 '함께했다'라는 동질감과 몰입감 때문이다. 내가 지지하고 응원하던 연습생의 노력과 도전의 과정을 직접 지켜보며 더욱 몰입하게 되는 것이다. 이처럼 과정을 보여주는 콘텐츠는 데뷔 전부터 팬덤을 쌓을 수 있는 강력한 수단이 된다.

〈마이클 조던: 더 라스트 댄스〉

과정을 보여주는 콘텐츠는 현재의 결과뿐 아니라 과거에 더 큰 중점을 준다. 이를 잘 보여주는 다큐멘터리가 바로 〈마이클 조던: 더 라스트 댄스〉다. 2020년에 공개된 이 다큐멘터리는 마이클 조던이 시카고 불스에서 활약하던 마지막 시즌(1997~1998년)의 이야기를 중심으로 구성되었다. 시대의 아이콘이었던 마이클 조던이지만, 그의 여정 속에는 매 순간 고난과 어려움이 있었다는 사실을 이 작품을 통해 알 수 있다. 은퇴 후 복귀하여 3년 연속 우승을 달성했던 과정을 보면, 마이클 조던을 잘 몰랐던 사람들조차 매료된다. 이 프로그램은 ESPN 역사상 가장 많이 시청된 다큐멘터리로 기록되었고, 넷

플릭스의 구독자 증가와 수익 증대에도 기여했다. 동시에 조던의 스폰서였던 나이키의 주가 역시 상승했다. 이처럼 과정을 보여주는 콘텐츠는 강력한 세일즈 전략의 요소이다. 과정의 중심에 있는 인물에 대해 사람들이 트랜스 상태에 빠지게 되고, 주인공이 하는 모든 것을 동경하고, 결국 '나 역시 그처럼 되고 싶고, 그가 가진 것을 갖고 싶다'라는 감정을 일으키게 된다.

유튜브 채널 〈고재영〉

고재영 님은 본인이 직접 경험한 과정과 그로 인해 얻은 결과를 영상으로 기록하는 유튜버. 그의 콘텐츠는 최소 21만 회에서 최대 400만 회 이상의 조회수를 기록했다. 엄청난 조회수를 기록한 그의 콘텐츠는 참으로 기발하다. '7일간 매일 달걀 한 판 먹기', '7일간 은둔 생활하기', '24시간 폭염에서 살아보기' 등 일반적으로 행해지지 않는 기이한 경험을 직접 체험한다. 이 또한 전형적인 '과정을 보여주는 콘텐츠'이며, 단 40개의 동영상으로 구독자 91만 명(2025년 4월 기준)을 달성했다. 언급했듯이 같은 주제라도, 그것을 수행하는 사람이 누구냐에 따라 전혀 다른 콘텐츠가 된다. 사람들은 '고재영'이라는 사람이기에 재밌다고 생각한다. 물론 맞는 말이다. 하지만 그렇게 생각하는 사람 역시 똑같은 주제로 콘텐츠를 만든다면 또 다른 느낌의 영상이 나온다. 세상에 똑같은 인물은 없기 때문이다. 어떤 사람인지, 어떤 직업을 가졌는지, 어떤 생활 양식과 사고방식을 가졌는지에 따라 천차만별의 콘텐츠가 탄생한다. 그래서 같은 주제라도 그 과정을 보여주면 어떤 사람에게든 전혀 다른 색깔의 콘텐츠가 탄생하게 된다.

유튜브 채널 〈턴 오버〉

〈턴 오버〉는 한국 농구계에서 레전드로 꼽히는 하승진, 전태풍 선수가 주도한 장기 프로젝트로, 프로 농구선수에 도전했다가 실패한 선수들을 모아 1년간 훈련시키는 내용을 다룬 유튜브 채널이다. 프로젝트 결과, 참여 선수 중 단 한 명만이 일본 3부 리그에 프로 선수로 데뷔하게 된다. 영상은 50개가 넘고, 분량은 평균 1시간 내외이지만, 대부분 조회수 10만 회 이상을 기록하며 큰 인기를 얻었다. 댓글 대부분은 프로급에 미치지 못하는 실력을 갖춘 선수들의 성장과 인성에 감동받은 시청자들의 응원과 지지로 가득했다. 선수들이 성장하는 과정, 훈련을 통해 변해가는 모습을 보며 팬심이 생겨난 것이다.

사람들은 프로 운동선수 중 보통 실력이 뛰어난 사람을 좋아한다. 특출난 재능에 매료되기 때문이다. 일반적인 프로 선수, 하물며 프로 선수 지망생이나 프로 선수가 되지 못한 사람에게는 더욱 관심이 없다. 하지만 〈턴 오버〉는 과정을 보여주는 콘텐츠다. 그렇기에 프로가 되지 못한 선수들임에도 응원하는 사람들이 생길 수 있었다. 이들은 팬과 팔로워들 덕분에 프로가 되지 못했음에도 이후 다른 좋은 제안과 기회들을 얻게 되었다. 농구 스킬을 전수하는 스킬 트레이너가 되는가 하면 동호회 농구팀 중 프로 선수를 배출한, 실력이 뛰어난 팀에 들어간 경우도 있다. 아마 〈턴 오버〉가 없었다면 이들은 그저 프로가 되지 못한 낙오자에 그쳤을 것이다.

유튜버 민우주 님

유튜버 민우주 님은 '한 달 안에 컴퓨터만으로 500만 원을 벌어 보겠다'라는 선언을 한 뒤, 그 전 과정을 공개했다. '디지털 노마드'와 '경제적 자유'라는 키워드는 이미 많은 사람이 SNS에서 이야기하고 있었고, 수많은 온라인 강의로 피로감도 높은 아이템이었다. 그 때문에 민우주 님의 주제는 자칫 부정적인 반응을 유발할 가능성이 컸다. 그럼에도 불구하고 '30일

안에 컴퓨터로만 500만 원 벌어보기' 콘텐츠는 그다지 많지 않은 6천 명의 구독자 수를 보유했음에도 11만 회의 조회수를 기록했다. 이처럼 다소 식상한 주제라 해도, 사람들의 호기심과 공감을 자극해 지지를 얻을 수 있다는 점에서 과정을 보여주는 콘텐츠는 강력한 방식이 된다. 그는 지난 4년 동안 유튜브 채널 9개를 운영하며 누적 구독자 30만 명, 총 조회수 2억 회를 기록했고, 이를 바탕으로 전자책을 집필했다. 이후 이 전자책을 판매해 500만 원을 벌겠다는 목표를 새로 세우고, 그 과정도 역시 공개했다. 결과는 목표의 절반도 되지 않는 150만 원 수익이었지만 구독자들은 민우주를 응원했고, 진심 어린 격려를 보냈다.

사람들이 과정을 공유하는 콘텐츠를 어렵게 느끼는 이유 중 하나는, 선언한 목표를 달성하지 못할지도 모른다는 불안감 때문이다. 자신의 부족한 모습, 못난 모습을 드러내고 싶지 않은 심리적 장벽도 있다. 하지만 사람들은 그 과정을 함께 공감하고, 이해하고, 결국 응원하게 된다. 실패의 과정까지 가감 없이 공유했기 때문에 응원할 수 있었던 것이다.

인스타그램 @bhangizozongsa (20대 초반 청년의 의류 사업 도전기)

온라인에서 옷을 구매하는 일은 매우 흔하며, 그만큼 온라인 쇼핑몰도 많다. 그렇기 때문에 온라인에서 옷을 판매하는 것 자체가 특별하거나 매력적으로 보이지 않을 것이다. 하지만 이 계정의 운영자는 20대 초반 청년으로, 자신의 의류 브랜드를 만들기 위한 도전 과정을 꾸준히 공유하고 있다. 게시물은 단 10개에 불과하지만, 팔로워 수는 6.4만 명(2025년 5월 기준)에 달할 정도로 많은 관심을 끌고 있다. 계정 주인인 이 청년은 '꿈'이라는 메시지를 담은 브랜드를 만들고자 하며, 디자이너를 섭외한 뒤 옷을 디자인하고 제작하는 과정을 꾸준히 보여준다. 3주 만에 100벌의 옷을 판매한 과정도 공유했다. 이처럼 과정을 드러내는 방식으로 팬층을 만들었고, 그 결과 인스타그램 팔로워들에게 한정 수량으로 판매한 옷을 빠르게 완판시켰다. 과정은 곧 스토리다. 과정을 진솔하게 보여주는 사람에게 사람들은 트랜스 상태에 빠진다. 누군가에게 몰입하게 되면, 자연스럽게 호감이 생기고 긍정적으로 느끼며 그 사람이 파는 것, 사용하는 것을 갖고 싶다는 욕구가 생긴다.

인스타그램 @dev_in_airforce (군인의 게임 개발 일지)

게임은 PC, 콘솔, 모바일 등 다양한 플랫폼에서 즐길 수 있으며, 인기 있는 게임들은 유저들의 후기와 입소문을 통해 퍼져나간다. 하지만 꼭 이런 루트만 있는 것은 아니다. 게임이 만들어지는 '과정'을 콘텐츠로 보여주며 주목을 받을 수도 있다. 이 계정은 군 복무 중인 개발자가 지방에서 게임을 개발하는 과정을 릴스로 보여준다. 캐릭터의 스킬, 모션 등이 어느 정도 개발되었는지를 계속 공유하며, 매일 뭔가가 추가되는 모습을 공개한다. '군인이 군 복무 기간 틈틈이 만든 게임'이라는 독특한 콘셉트가 매력적이다. 그 과정을 따라가던 사람들은 나중에 게임이 출시되었을 때 반드시 한번 플레이해 보고 싶다는 마음을 갖게 된다.

인스타그램 @l_boxman_l (그림으로 1억 벌기에 도전)

과정을 보여주는 콘텐츠를 '그림'이라는 카테고리에 적용한 사례다. 보통 그림을 주제로 한 계정에서 과정을 보여주는 경우, 예상할 수 없는 밑그림에서 시작해 그림을 빠르게 완성해 가는 모습을 보여준다. 이후 드러나는 결과물은 일반인이 감히 시도하지 못할 정도의 고퀄리티 그림이거나 전혀 예상치 못한 콘셉트를 담고 있어 시청자의 몰입을 이끌지만 긴 여운을 남기지는 못한다. '아~ 잘 그리네.'에서 끝나는 것이다.

하지만 boxman 님은 조금 다르다. 그는 그림을 그리는 과정도 보여주지만, 콘텐츠의 핵심은 '그림으로 1억 원 벌기'라는 도전이다. 인터넷을 기반으로 그림을 수익화할 수 있는 모든 방법에 도전하고, 그 과정과 결과를 투명하게 공유한다. 그는 이모티콘을 만들거나 직접 그린 그림을 스톡 이미지로 등록하는 등 다양한 수익화 방법에 도전한다. 첫 릴스부터 '그림으로 1억을 벌겠다'라고 선언했고, 이후 릴스의 말미에는 현재까지 누적 수익을 언급하며 마무리한다. 한 릴스에서는 "스톡 이미지로 수익을 낼 수 있다던데 한번 해 보겠다."라고 말하자, 시청자들은 댓글로 "나도 하고 싶은데 무엇으로 그리면 좋을까요?"라고 질문을 던진다. 다음 릴스에서는 이 질문을 바탕으로 스톡 이미지 등록에 필요한 도구를 하나하나 소개했다. 이후 그림을 그려 스톡 사이트에 제출하고 검토 결과를 기다리는 과정을 공개했고, 다음 편에서는 검토 결과를 보여줬다. 일부는 등록되지 않았지만, 그런 실패조차도 가감 없이 콘텐츠로 보여주며 진정성을 더했다.

이처럼 과정 중 발생한 실패까지 솔직히 보여주는 태도와,

시청자의 질문에 대해 실제 릴스로 응답하는 방식은 단순 시청자를 팬과 팔로워로 전환한다. 또 이미 팬인 사람에게는 '나'에 대한 신뢰를 더 깊이 각인시킨다.

인스타그램 @daehannmokjang (목장을 오픈하는 과정)

이 계정의 주제는 '목장'이다. 제주도에 있는 약 30만 평 규모의 '대한목장'은 약 70년 동안 일반인에게 공개되지 않았던 공간이었다. 이 계정의 주인공은 이 목장을 공개하기로 결정하면서 오픈을 준비하는 전 과정을 콘텐츠로 공유하고 있다. 계정의 첫 릴스에서는 목장주가 등장해 자신의 삶, 목장의 역사, 그리고 공개를 결심하게 된 이유 등을 이야기한다. 이 계정은 목장 운영을 맡은 '목장장'과 콘텐츠 기획 및 운영을 맡은 '김상진'이라는 이름의 청년이 함께 운영한다. 이들은 목장 오픈을 위해 준비하는 과정을 단계별로 보여주며, 그 공간이 만들어지는 스토리를 함께 공개한다. 이를 지켜본 팔로워들은 자연스럽게 목장에 대해 관심을 갖고, 결과적으로 오픈 전부터 마케팅 효과를 누리게 된다. 실제로 팔로워 수는 1만 명을 넘었고, 오픈 직후 별도 마케팅 없이도 방문객들이 몰리기 시작했다.

인스타그램 @tonytonychoppergf (헤어디자이너로의 성장기)

이 계정은 2007년생 여학생이 헤어디자이너가 되는 전 과정을 보여주는 콘텐츠다. '07년생 자격증 따고 헤어디자이너 되기 N일 차'라는 제목으로, 매일 실습하는 모습을 릴스로 기록해 올린다. 어떤 날은 새치 염색을, 어떤 날은 면도를, 또 어떤 날은 요양 시설에서 어르신들의 머리를 자르는 봉사활동까지 다양한 경험을 담고 있다. 우리나라에는 이미 많은 헤어디자이너가 있고, 그 직업을 꿈꾸는 사람도 부지기수다. 하지만 이처럼 '과정'을 보여주는 콘텐츠로 접근하면 사람들의 몰입도를 높일 수 있다. 이 계정을 본 사람들은 그가 실습하는 모습을 보며 '시술을 받아보고 싶다'라는 마음을 갖게 된다. 이후 실제로 헤어디자이너가 되어 미용실 직원으로 근무하고, 궁극적으로 본인만의 미용실을 차리기까지의 과정을 장기적으로 기록한다면, 그 자체로 엄청난 파급력을 지니게 된다. 미용실을 차리고 난 후에야 마케팅을 시작하는 것이 아니라, 오히려 그 전부터 사람들의 기억 속에 자리 잡는 상태가 되는 것이다. 이처럼 콘텐츠로 과정을 축적하면, 시간과 노력이 브랜드 자산으로 전환된다.

나의 사례, 인스타그램 @coach_yeonback (실행하는 과정)

마지막으로 나의 사례를 이야기하겠다. 인스타그램에서 전달하고자 했던 핵심 메시지는 '실행하는 것이 답이다'였다. 많은 사람이 늘 계획은 철저히 하지만 실행에서 실패한다. 그 이유는 감정, 그중에서도 무의식의 문제 때문이며, 이 부분을 해결하는 것이 곧 실행 가능한 상태로 가는 핵심임을 알리고 싶었다. 그러던 중 '과정 공개 콘텐츠'라는 개념을 접하게 되었고, 실행에 관해 이야기하는 다른 계정들을 살펴보았다. 그때 인지한 사실은, '실행해야 한다'라는 메시지를 전하면서 정작 본인이 실행하는 과정을 직접 보여주는 사람이 없다는 것이었다. 대부분은 유명 인사들이 성공을 통해 얻은 통찰을 짧게 영상으로 만들어서 올리는 방식이었다. 나는 그 틈새를 비집고 들어가 실행하는 과정을 릴스의 주제로 잡았다.

유튜브에서 '블로그 잘하는 법', '조회수 잘 나오는 법'과 같은 영상을 찾아 공부한 뒤, 한 달 동안 매일 블로그의 글을 한 편씩 쓰는 과정을 콘텐츠로 만들었다. 그 결과, 블로그 글의 조회수는 10회에서 1200회까지 증가하는 성과를 얻었다.

다음은 마케팅 대행 일에 도전하기 위한 실행이었다. 일면식도 모르는 사업체에 직접 찾아가서 사장님께 제안하고 영업을 시도했다. 예를 들어, 동네에 새로 생긴 갈비탕집에 찾아가 사장님께 마케팅 대행을 제안했고, 그 장면을 녹음해 릴스로 만들었다. 필라테스숍에 찾아간 장면도 마찬가지였다. 직접 찾아가 제안하고 대화를 나눈 과정을 녹음해 콘텐츠화했다. 결과적으로, 그때의 제안은 모두 거절당했다. 그러나 실행의 전 과정을 담은 릴스를 본 사람들이 '일을 맡겨보고 싶다'라는 DM을 보내오기 시작했다. 실제로 다섯 명에게 연락이 왔고, 그중 한 곳과 마케팅 대행 계약을 체결했다. 그 업체의 블로그 글을 상위 노출되도록 대행해 줬고, 그 결과 일주일에 2~3건씩 꾸준히 문의가 들어와 신규 고객 유입을 만들었다. 콘텐츠를 위해 다녔던 영업 활동 자체는 계약으로 이어지지 않았지만, 그 실행 과정을 보여주는 콘텐츠를 통해 결국 일거리를 얻은 것이었다.

이후에도 다양한 실행을 콘텐츠로 만들었다. 건조 과일 납품을 위해 프랜차이즈 100곳에 연락을 돌린 일, 프랜차이즈 카페 본사에 직접 찾아가 미팅을 진행한 일, 책의 출간을 위해 출판 기획서를 여러 출판사에 제출한 일, 마케팅 대행 자동화 시스템을 만들어 가는 과정 등을 릴스로 지속해서 공유했다. 현재 이 글을 쓰고 있는 시점에는 팔로워 수가 1.7만 명을 넘어섰다. 그리고 실행을 가능하게 한 '심리'와 '무의식'에 대한 통찰을 전자책으로 정리해 무료로 배포하고 있다.

  이처럼 과정을 보여주는 콘텐츠 덕분에, 내가 진심으로 전하고 싶었던 메시지를 훨씬 더 많은 사람에게 전달할 수 있게 되었다. 아래의 이미지는 실행 과정을 담은 릴스에 달린 응원의 댓글들이다.

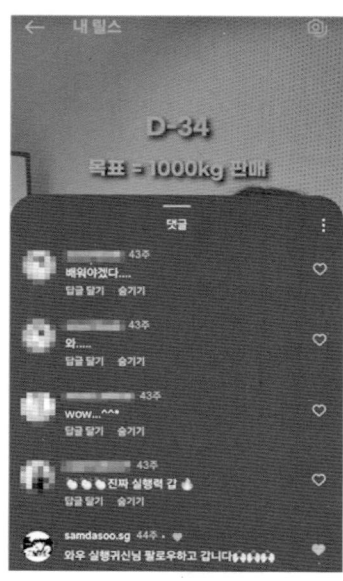 

나만의 이야기에서
콘텐츠 아이디어를 찾아라

새로운 시도를 하기 전에는 이미 다른 사람들이 선점한 분야에서 어떻게 경쟁해야 이길 수 있을지 고민에 빠지게 된다. 과정 공개 콘텐츠를 시작하기 전에도 마찬가지다. 이미 한 분야에서 성공한 사람들이 눈에 들어오면, 그 외의 주제를 찾으려고 한다. 하지만 새로운 것을 굳이 찾을 필요는 없다. 본인이 관심 있고 잘하는 것을 과정으로 보여주면 된다. 이미 다른 사람이 하고 있더라도, 과정을 보여주는 콘텐츠는 나만의 방식으로 풀어내기 때문에 저절로 차별화된다. 앞서 이야기했듯이 사람마다 과정을 보여주는 방법, 전략, 관점이 모두 다르기 때문에 동일한 주제를 다루더라도 완전히 다른 과정과 이야기가 나온다. 따라서 우선은 주제를 정하고, 그 과정을 보여주는 콘텐츠를 시작하면 된다.

실제로 어떤 식으로 과정을 보여줄 수 있을지 아이디어를 정리해 보면 다음과 같다.

• 백수 또는 백수가 될 예정인 사람

아이디어 1: 백수의 하루

아침에 눈을 떴을 때 보이는 천장을 첫 장면으로 시작한다. "백수라서 아무것도 하기 싫고 무기력해서 하루 종일 누워 있는 게 일"이라는 식으로 묘사하며, 둘째 날, 셋째 날도 동일한 패턴을 보여준다. 그러다 어느 날, 집 앞을 거니는 영상을 업로드하며 "오늘은 한번 산책을 나와봤다."라는 이야기로 변화의 조짐을 담는다. 혹시 변화가 없다면 계속 천장을 찍어도 된다. 영상에 달린 댓글에 대한 답변을 영상으로 남겨도 좋다. 중요한 건 단순히 영상을 올리는 게 아니라, 그 이유와 현재 상태에 대한 설명을 자막이나 내레이션으로 함께 전달하는 것이다.

아이디어 2: 백수가 된 이유

백수가 되기까지의 과정을 에피소드 형식으로 보여준다.

어떤 일을 하다가 그만두었는지, 그 안에서 어떤 감정과 깨달음이 있었는지를 담는다.

아이디어 3: 무직 탈출기

무직 상태에서 탈출하고자 도전하는 과정을 기록한다. 알바 자리를 구하거나 구직 활동을 하며, 구인 사이트 검색, 취업박람회 방문, 자소서 작성, 면접 탈락 등 모든 과정을 날것 그대로 보여준다.

• 화장품에 관심 있는 사람

아이디어 1: 이 화장품, 진짜 효과 있을까

SNS에서 유명한 스킨케어 제품을 직접 테스트해 본다. 매일 꾸준히 바르는 모습을 촬영하고, 전후 사진이나 피부 변화 과정을 공유하며 리뷰한다.

아이디어 2: 가성비 화장품을 찾아서

고가 브랜드 제품과 비슷한 성분과 효과를 가진 저가 제품을 찾아 소개한다. 직접 발품을 팔아 구입하고 비교하는 과정을 보여준다.

아이디어 3: 나만의 화장품을 만들어보자

예민한 피부 때문에 기존의 화장품이 맞지 않아 직접 만들어보겠다는 스토리를 전한다. 기획부터 재료 준비, 실험, 샘플 테스트 등의 전 과정을 보여준다.

• 운동/다이어트에 관심 있는 사람

아이디어 1: 근육을 만드는 과정

운동 경험이 없는 상태에서 근육질 몸을 만들기 위한 과정을 기록한다. 운동 루틴과 식단을 꾸준히 보여주고, 시행착오나 깨달음도 함께 전달한다.

아이디어 2: 살 빼는 과정

과체중 상태에서 체중 감량을 위한 여정을 보여준다. 건강 문제나 외모로 받은 상처 등 스토리가 담기면 더욱 좋다. 운동, 식단, 체중 변화 등을 기록한다.

아이디어 3: 헬린이 탈출기

헬스를 막 시작한 초보자로서 하나씩 동작을 배우고 변화해 가는 모습을 보여준다. 배운 내용이나 깨달음을 덧붙이면 콘텐츠가 더욱 풍부해진다.

• 자영업을 시작하려는 사람

가게를 오픈하기까지의 전 과정을 담는다. 부동산을 들러 적당한 물건을 찾는 모습, 인테리어 진행과 메뉴 개발 과정, 작은 해프닝 등을 그대로 콘텐츠화한다. 창업 배경과 이유도 함께 담으면 설득력이 커진다. 보통은 오픈 직전에 전단지를 뿌리거나 인스타를 만들어 홍보를 시작하지만, 대행사를 통한 마케팅은 비용 대비 효과가 미미할 수 있다. 조금 고생스럽더라도 전 과정을 보여주는 편이 훨씬 강력하다.

• 온라인 쇼핑몰을 시작하려는 사람

온라인 쇼핑몰은 경쟁이 매우 치열한 시장이다. 그 안에서 차별화를 두기 위해서는 '과정'을 보여주는 콘텐츠가 경쟁력이 있다. 예를 들어, 의류 쇼핑몰을 시작하려는 경우라면 사업자 등록부터 어떤 스타일의 옷을 팔지 선정하고, 고객층을 설정하거나 왜 이 상품을 선정하게 되었는지 등 전 과정을 기록한다. 공급처를 찾는 과정도 중요하다. 검색, 탐방, 선정 이유까지 모두 공개한다.

이렇게 전 과정을 보여주면, 그 여정을 지켜본 사람들은 자연스럽게 신뢰를 갖게 되고 결국 구매로 이어질 확률이 높아진다. 처음부터 지켜보지 않았더라도, 콘텐츠로 축적된 기록이 있기에 나중에 발견한 사람도 신뢰할 수 있다. 농·수산물의 경우도 마찬가지다. 어떤 품목을 선택했고, 왜 온라인 판매를 하게 되었는지 나만의 이유와 명분을 콘텐츠로 만든다. 공급처를 찾기 위해 검색하거나 직접 방문하고 제안하는 등의 과정을 모두 콘텐츠로 보여줄 수 있다. 이 모든 예시가 말해 주는 핵심은 <u>주체에 따라 콘텐츠의 결이 달라진다는 점</u>이다. 고등학생이 온라인 쇼핑몰을 시작하는 것과 직장인이 시작하는 것, 도매로 물건을 받아오는 것과 직접 제조하는 것 모두 전혀 다르게 다가온다. 그렇기 때문에 누군가 이미 시도했다고 해서 포기하거나 주저할 필요는 없다. 결국 각각의 조건과 매력에 따라 완전히 다른 결의 콘텐츠가 만들어지기 때문이다.

3장

누구나 과정을 보여줄 수 있다

솔직한 과정에는
온통 장점만 있다

첫째, 실패해도 괜찮다.

오히려 실패하는 모습에 사람들이 더 공감하고 응원하며 팬이 되어준다. 영화나 드라마 속 주인공이 고난을 겪고 넘어지는 모습을 보며, 시청자들은 그 인물이 다시 일어설 것이라는 기대와 응원을 담아 지켜본다. 실제로 지인 중 한 사람은 이러한 실패의 과정을 공유해 오히려 더 승승장구하게 되었다. 그는 대기업에 다니면서 투잡으로 유통업을 시작했지만, 초보 경영자였기에 많은 실수를 했다. 그런데 그 실패 경험들을 카페에 칼럼 형식으로 꾸준히 연재하자, 이를 본 누군가가 '사업에서 실패하지 않는 법'을 알려 달라며 컨설팅을 요청했다. 그렇게 또 다른 수익의 기회를 얻었다. 과정 공개 콘텐츠

속의 실패는 어떤 결과를 가져올지 예측할 수 없다. 실패 속에서 성공이 피어날 수 있기에, 시작해 보는 것 자체에 의미가 있다. 실패해도 성공할 수 있다면, 그것만큼 매력적인 일이 또 있을까.

둘째, 방향 전환이 얼마든지 가능하다.

과정 중 예상했던 대로 흘러가지 않아도 된다. 방향 전환이 언제든 가능하다. 오히려 과정이 잘 풀리지 않을 때 고민하고 결정을 내리는 그 장면조차 콘텐츠가 된다. 중간에 고민하거나 피벗 하는(방향을 전환하는) 순간을 보여주는 것만으로도 지켜보는 사람들은 진정성을 느끼며 지지를 보낸다. '아웃풋 이코노미'는 결과물을 완성한 뒤에야 대중에게 공개되기에, 결과가 기대에 미치지 못하면 아예 보여주기조차 어렵다. 이미 완성된 결과에 실망한 사람들은 돌아서기 마련이며, 결과를 바꾸려면 처음부터 다시 시작해야 하는 부담이 따른다. 반면, 과정을 보여주는 콘텐츠는 정형화된 결과물이 필요 없다. '과정' 그 자체가 콘텐츠이기에, 언제든 유연하게 방향을 바꾸고 새롭게 시도할 수 있다. '피벗' 자체가 올바른 전략이 될 수 있다.

셋째, 가치가 입증된다.

SNS를 통해 마케팅 기술이나 수익을 창출하는 방법을 강의로 판매하는 이들이 많아지면서, 그만큼 부작용도 함께 생겨났다. 매출을 부풀리거나 성과를 과장하는 사람들로 인해 사람들의 경계심이 커졌고, 실제 성과와 신뢰 여부를 더 꼼꼼히 따지게 되었다. 이런 상황에서 과정을 꾸준히 보여주는 콘텐츠는 자기 자신에 대한 가치를 가장 확실하게 증명하는 방법이다. 축적된 콘텐츠는 곧 신뢰의 기반이 된다. 누군가가 나의 경력이나 성과를 의심하거나 검증하려 할 때, 쌓아온 과정을 담은 콘텐츠를 보여주면 된다. 그것이 가장 효과적인 증거다.

넷째, 실행의 동기부여가 된다.

과정을 보여주는 것이 당연한 습관이 되면, '보여주기 위한 실행'이 동기가 되기도 한다. 다음 콘텐츠로 무엇을 올릴지를 고민하다 보면 자연스럽게 '무엇을 실행해야 할까'를 고민하게 되고, 그러다 보면 몸이 먼저 움직인다.

개인적으로 과정을 콘텐츠로 보여줄 수 없었던 시기가 있었다. 다른 업체의 대표와 협업 중이었고, 그 과정을 콘텐츠로 담고 있었는데, 대표님께서 콘텐츠 공개를 원하지 않는다고 말씀하셨다. 해당 제품이 특정 전문 직종과 관련된 분야였기에, 과정의 콘텐츠화가 오히려 전문성이 없어 보인다는 우려였다. 충분히 타당한 의견이었고, 그 대표님의 제품이었기에 관련 콘텐츠를 모두 삭제하고 이후에는 올리지 않았다. 그러자 콘텐츠로 공유할 수 있는 소재가 사라졌고, 과정을 보여줄 수 없는 상황이 되어버렸다. 하지만 포기할 수 없었다. 방향을 바꿔 온라인 플랫폼(쿠팡, 네이버 쇼핑 등)을 통해 제품을 직접 판매해 보는 실행을 감행했다. 그 판매 과정을 기록해 콘텐츠로 만들었는데 결과적으로 기대했던 수익에 미치지 못해 그 프로젝트는 접게 되었다.

솔직히 말하면 그 프로젝트는 콘텐츠를 위한 억지 실행이었다. 하지만 온라인 판매를 직접 해 보며 이 분야에 대한 실전 지식과 경험을 얻을 수 있었다. 이렇듯 과정을 보여주는 콘텐츠는 자연스럽게 새로운 실행으로 이어지게 만든다. 뭔가를 해 봐야겠다는 생각이 들고, 실행한 것들은 그 자체로 자산이 된다. 콘텐츠는 단순히 보여주기 위한 것이 아니라, 실행을 낳고, 그 실행이 또 다른 지식과 통찰을 만들어 내는 순환을 만든다.

다섯째, 예기치 못한 기회와 연결된다.

과정 공개 콘텐츠를 통해 나 자신이 세일즈 되고 이로 인해 예상치 못한 기회들이 생긴다. 내 경우, 과정 공개 콘텐츠를 통해 마케팅 대행 일을 문의받았고, 여러 협업, 홍보 제안들이 들어와 진행했다. 이 과정 공개 콘텐츠 덕분에 일을 맡기신 대표님도 예상치 못한 기회를 얻으셨다. 해당 릴스를 본 구독자 86만 명인 유튜브 채널의 운영자로부터 섭외 연락을 받으신 것이다. 인스타그램 13만 명 팔로워를 보유하신 다른 분으로부터도 출연 제안을 받으셨다. 앞서 소개했던 사례 중 20대 초반 청년의 의류 브랜드 도전기를 담은 @bhangizozongsa 님의 경우에는 '더현대백화점'으로부터 입점 제안 메일을 받으셨다.

두려움을 마주하고,
불안과 완벽주의를 내려놓아라

 조금 과장해서 말하자면, 과정을 보여주는 콘텐츠는 사실 안 하면 손해다. '나'라는 사람 자체로 차별점이 생기고 많은 장점으로 인해 여러 좋은 기회가 나를 인도해 주기 때문이다. 하지만 머리로는 이해해도 몸이 안 따를 때가 있다. 대부분이 심리적인 저항 때문이다. 무언가를 실행하는 것을 막는 감정은 보통 '두려움'이나 '불안감', '완벽주의'다.

 '어떻게 저런 걸 하지? 걱정은 없나? 안 두렵나?'라는 생각이 들 정도로 과감한 도전과 시도를 하는 사람들이 있다. 그런데 그런 사람들은 정말로 두려움이라는 감정을 느끼지 않기 때문에 그렇게 행동할 수 있는 것이 아니라는 것을 알게 되었다. 그들은 두려워도 행동을 선택한다. 그래서 우리에게 진짜 필요한 것은 '두려움을 느끼지 않는 기술'이 아니라, '두려움에도 그 감정을 돌파하는 방법'이다.

나 역시도 매번 실행을 앞두고 두려움이 올라와 망설이게 되는 순간들이 자주 있다. 그럴 때마다 내가 사용하는 방법이 있다. 그것은 내가 '일어나지 않았으면 하는 일', 즉 지금 망설이고 있는 그 상황에서 벌어질 최악의 시나리오를 아주 구체적으로 상상해 보는 것이다. 단순히 무서운 장면을 떠올리는 것이 아니라, 상황을 디테일하게 구성하고, 그 안에서 내가 무엇을 할 수 있을지를 생각해 본다. 실행하기에 앞서 두렵거나 불안한 것은 실행하고 난 이후에 벌어질 수 있는 일 중에 일어나지 않았으면 하는 일이 있기 때문이다. 그런데 문제는 일어나지 않았으면 하는 일을 그저 막연하게만 생각한다는 것이다. 그러니 최악의 상황을 구체적으로 디테일하게 상상해 보는 것이 필요하다.

그렇게 상상해 보면, 내가 막연히 두려워했던 그 일들이 실제로는 큰일이 아니라는 걸 깨닫게 된다. 그 일은 막상 벌어져도 '별일 아닌 일'이다. 그렇게 두려움이 가라앉고, 행동할 힘이 생긴다.

실제 사례 하나가 있다. 평범한 직장인이었던 그는 회사 외부에서 진행 중인 개인 프로젝트가 있었고, 그 프로젝트 진행을 위해서는 회사 대표와의 면담이 반드시 필요했다. 대표는 평소에 직원들에게 언제든 면담을 요청해도 된다고 말하는, 개방적인 성향의 인물이었다. 그럼에도 불구하고 이 남성은 무려 3주 동안 면담 요청을 하지 못하고 있었다. 이유는 단 하나, 두려움 때문이었다. 그에게 어떤 상황이 두려운지 묻자, 그는 "대표님이 제 면담 제안을 거절하실까 봐 두려워요."라고 답했다. 그래서 그 상황을 구체적으로 상상해 보라고 조언했다. 면담 요청을 했는데 대표님이 뭐라고 말하며 거절하실지, 그리고 그 상황에서 당신은 무엇을 할 수 있는지. 그러자 그는 잠시 생각에 잠기더니 이렇게 답했다.

"음…, 스케줄이 안 맞아 면담을 거절하시면 다른 날짜를 제안하면 되겠네요. 아…, 별일 아니네요."

결국 그는 다음 날, 3주간 미뤄왔던 면담 요청을 실행했다. 두려움이라는 감정을 이겨낸 것이 아니라, 두려움이 다가왔을 때 피하지 않고 다른 방식으로 반응한 것이다.

'내가 두려워하는 일' 또는 '일어나지 않았으면 하는 일'을 구체적으로 상상하는 것은 매우 강력한 감정 해소법이다. 우리는 살아가면서 늘 두려움을 느낀다. 과정을 보여주는 콘텐츠를 만들 때도 마찬가지다. '내가 이걸 올리면 사람들이 뭐라고 할까?', '지인들이 보면 창피하지 않을까?', '비웃으면 어떡하지?' 같은 감정이 올라온다. 두려움은 본래 막연함을 먹고 자란다. 구체적인 근거 없이 그냥 '무섭다'고 느끼게 만든다. 그렇기 때문에 돌파법은 항상 같다. 바로 <u>'구체적으로 상상하는 것'</u>이다.

예를 들어 '지인이 내 콘텐츠를 보고 비웃는다'라는 생각이 들었다면, 그 지인이 누구인지, 어디서 봤고, 어떤 방식으로 비웃었는지를 구체적으로 설정해 본다. 그리고 그런 상황에서 나는 어떤 반응을 할 수 있을지, 어떤 선택을 할 수 있을지를 생각해 본다. 그렇게 하면 막연했던 공포가 해소되고, 행동할 수 있는 용기가 생긴다.

두려움은 무의식에서 올라오는 감정일 뿐이다. 감정이 생기는 것을 통제할 수는 없지만, 그 감정에 어떻게 반응할지는 선택할 수 있다. 바로 그 선택의 순간이 우리를 앞으로 나아가게 만든다.

과정을 보여주는 콘텐츠를 시작하는 데 있어 가장 대표적으로 작용하는 방해 요소 중 하나는 '완벽주의'다. 많은 사람이 새로운 것을 시도하거나, 아직 해 보지 않은 영역을 실행할 때 '완벽하게 준비가 되어야 시작할 수 있다'라고 생각한다. 지금은 준비가 완벽하지 않으니 시작을 못 하겠다는 것이다.

완벽주의를 돌파하기 위해 선행해야 하는 일이 있다. 스스로에게 솔직해지는 것이다. 사실 완벽주의의 이면에는 '잘 못할까 봐 두렵다'라는 감정이 숨겨져 있다. 잘 못하는 것, 혹은 그런 모습이 남들에게 비치는 것에 대한 불안함, 걱정, 두려움이 내면에 자리 잡고 있는 것이다. 이는 곧 타인의 평가와 시선에 대한 무의식적인 반응이다. 이처럼 타인의 판단이 무서워 완벽하게 준비되기 전에는 시도조차 하지 못하는 상태가 지속된다.

시간은 과거, 현재, 미래라는 흐름 속에서 흘러간다. 현재 나에게 일어난 일에 대해 어떤 선택을 내릴지를 결정짓는 데 가장 큰 영향을 주는 것은 무엇일까? 흔히 과거라고 생각하지만, 사실은 미래에 대한 상상이 더 강한 영향을 미친다. 내가 현재 이 순간에 어떤 선택을 할 것인지에 대해 판단을 내리는 기준은, 그 선택의 결과가 미래에 어떻게 나타날지에 대한 예측에서 온다. 그리고 이 예측은 과거 경험을 토대로 구성된다. 즉, 우리는 앞으로 마주할 미래에 대해, 과거의 기억을 기반으로 그 일이 미래에도 반복될 것이라고 무의식중에 믿고 있다. 이처럼 과거를 기준으로 미래를 바라보는 것은 스스로의 가능성을 자신의 손으로 덮어버리는 것이다.

완벽주의는 '잘못하면 안 된다'라는 믿음을 강하게 품고 있다. 실행 이후 마주할 미래에 남들이 나를 부정적으로 평가할 것이라는 예상은 과거에 비슷한 경험을 했기 때문이다. 어떤 사람에게는 학창 시절 발표를 하다 실수한 경험이 있었을 것이고, 어떤 이에게는 자신을 드러냈다가 인정받지 못했던 사건이 있을 수 있다. 그때의 기억이 지금도 무의식에 남아 현재의 행동을 가로막는 것이다. 결국 완벽주의는 자신을 있는 그대로 수용하지 못하는 상태라고 할 수 있다.

하지만 과정을 보여주는 콘텐츠는 과정에서 실수하는 모습, 어딘가 어설퍼 실패하는 장면이 오히려 시청자들에게 긍정적인 반응을 끌어낸다. 진정성이 느껴지기 때문이다. 콘텐츠 제작 중에는 예기치 못한 어려움이 반드시 발생한다. 예상하지 못한 상황에서 방향을 전환하거나 실수하게 되는 건 자연스러운 일이며, 그런 순간마저 콘텐츠로 보여주는 것이 진짜 과정이다.

나 또한 타인의 시선이 신경 쓰일 때가 있다. 그럴 때마다 떠올리는 개념이 있다. '과제의 분리'라는 개념이다. 이 개념은 아들러의 심리학에서 유래한 것으로, 『미움받을 용기』*라는 책에 잘 설명되어 있다. 예를 들어, 공부하기 싫어하는 아이가 있다. 부모는 그 아이를 억지로 책상에 앉혀 공부시키려 한다. 하지만 이는 과제의 분리가 되지 않은 상태다. 공부하는 것은 아이의 과제지 부모의 과제가 아니다. 누구의 과제인가를 나눌 수 있는 기준은 그 과제를 했을 때 가장 먼저 이득을 보는 사람이다. 공부해서 성적이 잘 나오면 가장 먼저 이득을 보는 것은 아이이지, 부모가 아니다.

이 원리는 영상 콘텐츠에도 동일하게 적용된다. 내가 만든 영상 콘텐츠에 대해 누군가가 긍정적으로 볼지, 부정적으로

---

* 기시미 이치로(岸見一郎), 고가 후미타케(古賀史健) 지음, 전경아 옮김, 인플루엔셜, 2014(원제: 嫌われる勇気, 2013).

볼지는 그 사람의 과제다. 내가 통제할 수 있는 영역이 아니다. 나를 좋아할 사람은 내가 아무것도 하지 않아도 좋아한다. 나를 싫어할 사람은 내가 가만히 있어도 나를 싫어한다. 결국 모든 평가는 그 사람의 무의식과 과거의 경험을 기반으로 나오는 반응일 뿐이다.

내 콘텐츠를 누군가가 부정적으로 평가하지 않기를 바라는 마음은 남의 과제를 내가 대신 떠안으려는 태도다. 공부하기 싫은 아이를 책상에 앉히는 부모의 태도와 다르지 않다. 그렇게 다른 사람의 평가를 통제하려는 시도는 결국 나 스스로의 행동을 막아버리는 요인이 된다. 이럴 때 위의 책의 제목처럼 '미움받을 용기'가 필요하다. 이는 남에게 미움을 사기 위한 행동과 말을 하라는 것이 아니다. 내 행동과 말을 타인이 어떻게 판단할지는 내 과제가 아니라는 의미다. 내 행동과 말을 긍정적으로 생각하는 사람도 있고, 부정적으로 생각하는 사람도 당연히 있다. 부정적으로 생각하는 사람들이 당연히 존재할 수 있다는 것을 받아들이는 것이 미움받을 용기다.

내면을 탐구하고
진짜 나를 드러내라

"무서워서 아무것도 못 하겠어요."

이 말을 들었을 때 나는 너무나도 큰 충격을 받았다. 첫 사업 아이템인 연애 상담을 했을 때 겪은 일이다. 연애 상담 서비스를 막 론칭 하며 후기를 쌓기 위해 무료 체험 이벤트를 진행했다. 블로그에 무료 연애 상담에 대한 글을 올리자 한 20대 중반 남성으로부터 연락이 왔다. 이 남성은 지금까지 한 번도 연애를 못 해봤다고 한다. 지인을 통해 여러 번 소개팅을 했지만 매번 거절을 당했다. 나는 이 남성을 위해 내가 알고 있는 모든 노하우와 내용을 매주 1~2회씩 줌 미팅으로 코칭하며 전수했다. 모든 전략을 다 전수했으니 이제 남은 건 그가 직접 실행하면 되는 상황이었다. 내가 당사자가 아님에도 기대가 되고 설렜다. 나 역시 내가 전수한 지식과 정보를 처음 접했을 때 '와, 이런 게 있구나. 실전에서 얼른 써봐야겠다!'라는 생각을 했고, 적극적으로 실전에 들어가 좋은 결과를 얻었기 때문이다. 이 남성분도 나와 같은 상태일 거라 생각했다.

그런데 전수가 끝나고 한 달이 지났을까. 그로부터 아무런 연락이 오지 않아 궁금하던 차에 연락이 닿았을 때 그분이 했던 말이 바로 '무서워서 아무것도 못 하겠어요.'였다. 배운 것 중 단 한 가지도 시도할 수가 없었다고 했다. 이때부터 나는 한 가지 큰 의문을 품게 되었다.

'왜 똑같은 걸 배워도 누군가는 실행해서 결과를 내고 누군가는 실행조차 못 하는 걸까? 그렇다면 어떻게 해야 배운 것을 실행하도록 만들 수 있을까?'

이 의문이 내 여정에 새로운 방향을 열어주었다. 그리고 그 정답도 어느 정도 알게 되었다. <u>배운 것을 막힘 없이 실행할 수 있으려면 내면에 대한 탐구가 필요하다.</u>

'내면에 대한 탐구'란, 잠재의식과 무의식 속에 숨어 있는 감정과 생각을 들여다보는 행위다. 생각보다 전문적인 지식이 필요하지 않다. 자신이 평소에 종종 느끼는 감정이나 생각을 낯설게 마주 보면 된다. 특히 부정적인 감정에 대해서 스스로에게 '왜 이런 감정이 들었지?'라고 물어보는 것이 중요하다. 예를 들어 과정을 담은 동영상 콘텐츠를 다 만들었는데 업로드하기 싫은 감정이 올라왔다. 이때 자신에게 '왜 업로드를 하기 싫어?'라고 물어본다. '그냥, 뭔가 하기가 싫어졌네.'라는 대답이 나왔을 때 또 '왜 그냥 업로드가 하기 싫어?'라고 반복해서 물어본다. 이렇게 계속 '왜?'를 던지다 보면 마지막에 '조회수가 잘 안 나올까 봐' 또는 '아는 사람이 볼까 봐' 등등의 진짜 이유가 나온다. 이렇게 스스로에게 묻는 과정 중에 업로드를 하기 싫은 감정을 마주할 수 있게 된다. 이를 알고 나면 시간이 지나 감정은 가라앉고 실행할 수 있게 된다.

무의식으로부터 자유로워질 수 있어야 한다

'어떻게 해야 배운 것을 실행하도록 만들 수 있는가'에 대한 탐구를 하면서 사람에 대한 한 가지 정의를 알게 되었다.

"사람은 오감을 통해 사건을 만나면 의미를 부여하는 존재다."

'사건을 만난다'라는 것은 오감을 통해 무언가를 접하는 모든 것을 말한다. 뉴스를 보는 것, 친구한테 어떤 얘기를 듣는 것, 유튜브를 보는 것, 누군가와 다투는 것 등등 우리가 하루를 살아가며 접하는 모든 것들이 '사건을 만났다'라고 할 수 있다.

그리고 '의미를 부여한다'라는 것은 사건을 만났을 때 순간적으로 생각이나 판단을 하고 감정이 생기는 것을 말한다.

문제는 사람은 사건을 만나면 기계적으로 의미를 부여한다. 지금 이 순간에도 이 글을 읽으면서 생각과 감정을 일으킨다. 따라서 기계적으로 부여한 의미가 무조건 옳지 않다는 것을 깨달아야 한다. 마치 프로그래밍된 로봇과 같은 메커니즘이다.

'인사'라는 명령어를 들으면 한쪽 팔을 드는 것이 프로그래밍 된 로봇이 있다고 해 보자. '인사'라는 말을 하면 로봇은 팔을 든다. 그 팔에는 아무 의미도 담겨 있지 않다. 그저 프로그래밍되어 있는 대로 팔을 들 뿐이다. 우리도 사건을 만나면 찰

나에 의미를 기계적으로 부여한다. 프로그래밍된 대로 의미를 부여하는 것이기 때문에 그 의미가 무조건 맞는 건 아니다. 사건을 만났을 때 맞다/잘못됐다, 문제가 있다/없다, 좋다/싫다 등등의 생각과 감정이 반드시 부합하지 않을 수도 있다는 것이다. 그러니 감정에 의해 판단을 내리고 행동을 옮기기 전에 인지해야 한다. 자신이 어떤 의미 부여를 하며 살아가는지 인지하고, 그 선택의 과정을 들여다보아야 한다. 그래야 새로운 것을 배우거나 콘텐츠를 만들 때도 자신을 객관적으로 바라보며 실행력을 갖출 수 있게 된다.

똑같은 사건을 만나도 부여하는 의미가 사람마다 다른 이유는 각자 경험한 과거의 일이 다르기 때문이다. 의미 부여에 영향을 주는 과거는 크게 4가지다. 부모나 친인척을 포함한 가족 관계, 친구 및 주변 사람들, 미디어를 포함한 사회 환경, 그리고 과거의 자기 자신이다.

부모나 친인척을 포함한 가족 관계

사람은 유년기에 신체적으로 가장 약하기 때문에, 외부의 강한 존재에게 보호받아야 한다는 본능적 욕구가 강하다. 보호를 받을 수 있는 존재는 부모다. 그리고 정신적으로 성숙하지 않기에 듣고 경험하는 것들을 걸러서 받아들이지 못한다. 그래서 부모가 별생각 없이 던진 말조차 아이는 진지하게 받아들이며 그것을 인생의 원칙처럼 여긴다. 생각과 관념이 그대로 전이되는 것이다. 이러한 부모와 자녀 간의 상호작용은 문화적 배경이나 개인적 환경에 따라 차이가 있을 수 있다. 그 속에 도움이 되는 것도 많지만, 반대로 물려받을 필요가 없는 왜곡된 관념도 함께 주입된다.

대표적인 예가 돈에 대한 관념이다. "돈 많은 사람이 더 지독하다니까.", "세상은 돈이 문제야."와 같은 말들이 일상 속에서 자연스럽게 들리거나 부모가 돈 문제로 갈등하는 모습을 자주 보게 된다면, 그 경험은 무의식에 돈에 대한 부정적 인식을 각인시킨다. 성인이 되어도 돈에 대한 부정적인 감정을 떨치지 못하고 행동에 영향을 미치게 된다.

"공부 못해서 어떻게 살려고 그래?"라고 직접적인 비난을 듣거나 공부에 관해 압박을 들으며 성장한 경우도 있다. 이는 '공부를 못하면 쓸모없는 사람'이라는 가치관을 형성할 수 있다. 이럴 경우 공부를 열심히 했음에도 뭔가 공허함을 느끼는가 하면 공부를 못했기에 본인을 쓸모없는 사람이라고 여기며 살아간다. 이외에도 어렸을 때 부모님이 자주 다투는 모습을 목격했거나 부모님의 이혼, 경제적인 문제로 친척 집에 맡겨졌던 일 등등이 있다. 이때 경험한 과거는 시간이 지나서도 현재의 일상에 영향을 준다. 부모님에게 불편한 감정이 든다거나 부모님과 비슷한 또래분들을 대하는 게 불편할 수 있다. 아니면 타인에 대한 불신이 끊임없이 생기기도 한다. 이런 것들이 다 실행을 막는다.

친구 및 주변 사람들

유아기를 지나 어린이집, 유치원, 학교로 사회적 관계가 확장되면 또래 친구들과의 상호작용이 무의식의 형성에 영향을 미친다. 친구들과의 갈등, 따돌림, 발표 중 웃음거리가 되는 경험 등이 모두 무의식 속에 남는다. 성인이 된 후에는 '사람들이 나를 어떻게 생각할까'에 대한 불안감이 무의식 속에서 계속 작동한다. 이는 타인에 대한 불신, 두려움으로 이어지고, 결국은 사람을 잘 믿지 못하는 성향을 만든다. 이러한 불안감은 과정을 드러내야 하는 콘텐츠 제작에 큰 장애물로 작용한다. 과정을 보여주는 콘텐츠는 나의 모습을 있는 그대로 드러내는 방식이기 때문에, 타인의 시선에 불안을 느끼는 사람은 쉽게 실행하지 못한다. 특히 완벽주의 성향은 이러한 불안에서 비롯된다. 완벽하게 준비된 상태에서만 시작해야 한다는 강박은 '못하는 모습을 보여주면 안 된다'는 무의식적 믿음에서 기인한다.

매스컴과 사회 환경

사회적 환경, 특히 매스컴은 사람의 무의식에 깊은 영향을 미친다. 어릴 때부터 접한 TV, 유튜브, 영화, 드라마, 책, 뉴스, 신문 등은 무의식에 관념을 주입한다. 예컨대 '개미와 베짱이' 동화는 성실히 일하는 것이 옳고, 노래하며 여유를 즐기는 삶은 무가치하다는 신념을 각인시킨다. 현실에서는 예술 활동을 통해 더 많은 가치를 창출할 수 있음에도 불구하고, 단순 노동 중심의 사고가 옳은 것으로 여겨지게 된다. 교육 시스템 역시 공부를 잘하는 것만이 성공의 길이라는 전제를 깔고 있다. 다양한 재능을 가진 사람이 있음에도 불구하고, 좋은 성적을 받지 못하면 쓸모없는 사람처럼 여겨지는 것이다. 영화나 드라마는 돈 많은 사람을 악역으로 설정하는 경우가 많다. 반복적으로 이러한 설정을 보다 보면 '돈은 부정적인 것이다', '돈을 많이 벌려는 욕망은 위험하다'라는 신념이 무의식에 자리 잡게 된다. 그렇게 되면 실제로 돈을 벌기 위한 행동조차 무의식적 저항에 부딪혀 실행하기 어렵다.

자기 자신

가장 핵심적인 영향력은 결국 자기 자신에게 있다. 앞서 말한 가족, 친구, 사회 환경에서 받아들인 정보들을 진리처럼 내면화한 결과, 그것에 어긋나는 행동을 하려 할 때 스스로를 억압하게 된다. 예를 들어 부모의 기대와 다른 길을 선택했을 때, 부모가 "왜 그렇게 튀려고 하니?", "왜 말을 안 듣니?", "왜 쓸데없는 짓을 하니?"라는 식으로 반응하면, 아이는 그때부터 자기 자신의 선택과 판단을 부정적으로 인식하기 시작한다. 이러한 반복된 경험은 '나는 틀릴 것이다', '나는 믿을 수 없다'는 신념으로 이어지고, 성인이 되어도 스스로에 대한 불신으로 인해 새로운 것에 대한 시도나 실행을 하지 못하다. 내면에는 하고 싶다는 욕구가 있지만, 몸이 따르지 않는 상태가 되는 것이다. 그러니 무의식으로부터 자유로워질 필요가 있다. 여기서 말하는 '자유'란 무의식적으로 드는 감정과 생각을 객관적으로 바라볼 수 있는 상태를 의미한다. 오감을 통해 들어오는 자극에 대해 자동적으로 의미를 부여하고 반응하는 무의식적 흐름을 인식하고 그것을 관찰해야 한다. '지금 나는 어떤 의미를 부여하고 있구나', '이건 과거의 경험에 의한 자동 반응이구나'라고 자각하는 것이 그 시작이다.

자신에게 계속해서 질문을 던지는 것도 큰 도움이 된다. 반복되는 감정과 생각은 과거의 경험에서 비롯된 신념이기 때문이다. <u>그 신념이 과연 진실인지, 지금 이 시점에서 여전히 유효한 것인지를 낯설게 바라봐야 한다.</u> 지금의 나와는 어울리지 않는 옛날의 믿음이라면 과감히 수정할 수 있어야 한다. 과정을 보여주는 콘텐츠를 잘 만들어 내기 위해 반드시 필요한 내면 작업이 바로 이것이다.

나를 공개하는 일, 결국은 자기 수용이다

현대 사회에서 많은 사람이 자신을 고운 시선으로 바라보지 못하는 상태에 놓여 있다. 과거에 경험했던 사건이나 부모, 가까운 사람, 사회로부터 들은 말이나 정보들이 무의식에 쌓인 결과다. 그렇기에 자기 자신을 수용하는 자세가 필요하다. 여기서 말하는 자기 수용은 보다 근본적인 의미를 지닌다. 보통 자기 사랑을 실천하기 위한 방법으로 운동, 독서, 취미 활동, 사람과의 만남 등이 제시되지만, 이런 것들은 표면적인 접근이다. '자기 수용'이란 결국 역설적으로 '나는 나를 온전히 받아들이지 못하고 있다'라는 전제에서 출발하며, 이 말은 곧 과거의 나를 받아들이지 못하고 있다는 뜻이기도 하다.

자기 수용은 과거의 나를 개별적인 인물처럼 놓고 바라보며 다시 평가하는 데서 출발해야 한다. 그때 했던 선택이나 행동이 반드시 잘못된 것은 아닐 수 있다는 걸 인지할 필요가 있다. 과거의 특정 장면이 선명히 떠오르지 않는다면, 현재에서부터 거슬러 올라가는 방식도 가능하다. 이 순간 오감을 통해 어떤 자극을 접했을 때 무의식적으로 떠오르는 생각, 감정, 판단을 의식적으로 인지하고 그 반응이 어디서 왔는지를 추적해 나가면 된다. '이 일과 관련 있을까?' 하는 생각이 든다면 거의 대다수 그와 관련된 사건일 가능성이 크다.

무의식을 의식하기 어렵다면 다음과 같은 방법이 도움이 된다. 몸의 무의식적 움직임부터 관찰하는 연습이다. 이 방법은 과거 연기를 배울 때 우연히 알게 되었다. 연기 학원에서 수업을 받던 중, 엘리베이터 안에서 벌어지는 장면을 연기하게 되었다. 각자 연습해 온 연기를 했는데 선생님이 모두 연기를 잘못하고 있다고 지적하셨다. 이유는 명확했다. 영화나 드라마에 나오는 엘리베이터 장면은 실제 엘리베이터에서 촬영하는 게 아니라는 것이다. 진짜 엘리베이터를 탔을 때처럼 연기해야 하는데 다들 꾸며 놓은 구조물로서 인지하고 연기를 한 것이다.

선생님께서는 '빈 연습실'에서도 실제 엘리베이터처럼 보이게 연기하려면 어떻게 해야 하는지를 고민해 보라고 하셨다. 내가 찾은 방법은 일상 속에서 실제 엘리베이터를 이용할 때의 나의 무의식적 행동을 관찰하는 것이었다. 건물 4층을 향해 엘리베이터를 타러 가는 과정을 의식적으로 관찰했다. 버튼을 누르고 층수를 확인하고, 광고를 한 번 더 훑고, 핸드폰을 꺼내 메시지를 확인하는 등 수많은 사소한 동작이 자동으로 이루어지고 있었다. 이 경험은 몸이 마치 로봇처럼 프로그램되어 움직이고 있다는 사실을 깨닫게 했다. 외부에서 어떤 자극을 받으면 자동으로 정해진 반응을 보이는 것이다. 이러한 움직임과 반응을 메타인지로 인식하기 시작하면 내면의 감정과 판단들도 하나씩 관찰할 수 있게 된다. 일상에서 자주 드는 생각들, 나 자신에 대해 당연히 여기던 판단들조차 낯설게 바라보는 연습이 가능해진다. 그렇게 하면 수용하지 못했던 나의 과거도 서서히 수용하게 된다.

과거의 나를 지우고 재해석하라

자기 수용은 자존감과 직접 연결된다. 자신을 온전히 수용하면 어떤 일을 하더라도 자신감을 갖게 되며, 이는 높은 삶의 만족감으로 이어진다. 그러나 한국 사회는 그렇지 못한 경우가 많다. 경제적으로는 세계적인 수준임에도 불구하고, 행복지수는 OECD 최하위에 머무르고 있다. 청년 자살률 역시 높은 편이다. GDP가 한국보다 낮은 국가들조차 더 높은 행복지수를 기록하는 경우도 있다. 이유는 성과주의 문화 때문이다. 6·25 전쟁 이후 빠르게 재건된 한국 사회는 단기간 성과에 집중하는 가치관이 자리 잡았다. 하루라도 빨리 회복하고 성장해야 했기에 효율성과 성과 중심의 사고는 필연이었다. 그리고 이 가치관은 부모 세대에서 자식 세대로 전이되었다. 부모들은 아이를 성과 기준으로 평가하며, 상식에서 벗어난 선택을 하면 부정적인 언행으로 대응한다. 아이는 그런 부모의 시선을 내면화하며 자신을 부정적으로 바라보게 되고, 이는 자기 수용의 결핍으로 이어진다. 하지만 누구의 잘못이라고 볼 수는 없다. 당시에는 그게 최선이었기 때문이다. 다만 지금 이 세대는 그 유산을 다르게 풀어내야 할 책무를 가졌다. 그런 면에서 자기 자신을 수용하는 연습, 과거의 나를 재해석하는 태도는 그 어느 때보다 중요한 작업이라 할 수 있다.

과거의 어떤 선택으로 좋지 않은 결과를 만들었을 때 우리는 부모님에 의해서, 혹은 타인에 의해서 비난과 비판을 받는다. 타인의 판단은 곧 내가 '나'를 보는 관점이 된다. 타인에게 비난과 비판을 받은 '나'는 또다시 똑같은 질책을 받을까 봐 작고 사소한 의사결정에도 스스로를 믿지 못한다. 그러니 새로운 것을 시도하는 데 주저하게 된다. 타인이 자신에게 했던 비난의 말들을 나 자신에게 반복해서 말하고 있는 것과 같다.

이제는 사건을 재해석해야 한다. 잘못했다고 여겨지는 과거의 일을 다시 바라봐야 한다. 당신은 그때 최선을 다했다. 결과가 좋을지 나쁠지는 당시 당신의 과제가 아니었다. 당신 내면에는 비난과 비판으로 속상해하고 슬퍼하고 위축된 어린 당신이 있다. 그 아이를 안아주어야 한다. 그리고 무한 신뢰를 보내주어야 한다.

　무엇이든 할 수 있다고, 시도 중에는 결과가 조금 안 좋을 수도 있지만 그게 너의 존재 가치를 결정하는 게 아니라고, 다음에는 더 잘할 수 있다고, 괜찮다고, 내가 무한히 지지한다고 응원을 보내주어야 한다.

　이 과정에서 눈물이 나는 경우가 많다. 그동안 응어리져 있던 감정이 풀리면서 생기는 반응이라 자연스럽다. 두려움과 불안감이 올라올 때마다 매번 스스로를 격려하고 응원하여 전환해 나가야 한다.

스스로 현실과 상황을 만들어라

 현재 자신의 현실이나 상황이 원하는 상태가 아니라고 느낄 때, 우리는 스스로를 피해자의 입장에 놓는다. 그리고 미지의 상황을 상상한다.

 '내가 돈 많은 부모 밑에서 태어났다면', '내가 외모가 뛰어났다면', '내가 더 똑똑했더라면', '특별한 재능을 타고났다면' 같은 생각들이다. 이렇듯 갑갑한 현실의 문제에 대한 해답을 외부 요인에서 찾으려 하지만, 결국 원하는 현실을 만들기 위해서는 지금까지 벌어진 모든 일과 상황이 자신이 선택한 결과라는 것을 받아들이는 태도가 필요하다. 이를 깨달으면 내게는 원하는 현실을 만들어 낼 수 있는 능력이 있음을 알게 된다.

많은 이가 원하는 조건이나 상태, 상황이 이루어지지 않을 거라고 판단하면 그 자체가 본래 불가능한 것이었다고 믿는다. 하지만 실제로는 그 조건이나 상황에 대해 자신이 불가능하다고 규정했기 때문에 그렇게 인식되는 것이다. 다시 말해, 생각과 해석이 현실을 결정짓는다.

이러한 원리는 과학적으로도 입증됐다. '양자역학'이라는 과학적 이론이 그 예다. 양자역학은 과학의 근원, 즉 세계가 처음 어떻게 생겨났는지를 탐구하는 과정에서 등장했다. 마치 오스트랄로피테쿠스나 진화론이 인류의 기원을 설명하는 과정에서 등장했듯이, 양자역학은 우주의 근본 구조를 과학적으로 설명하려는 시도에서 출발했다.

우리 주변에 존재하는 대부분의 물질은 과학적으로 설명이 가능하다. 책상, 의자, 모니터, 휴대폰, 컵 등 모두 구성 성분과 물리적 성질에 대한 분석을 할 수 있다. 이런 물질적 세계를 설명하는 데 있어 중요한 실험 중 하나가 바로 '이중 슬릿 실험'이다.

19세기 초, 영국의 과학자 토머스 영Thomas Young이 빛을 이용해 처음 수행했고, 이후 1927년 클린턴 데이비슨Clinton Joseph

Davisson과 레스터 저머Lester Halbert Germer가 전자를 활용해 유사한 실험을 진행했다.

실험의 개요는 다음과 같다. 전자를 쏘는 장치(전자총)를 두고, 그 앞에 2개의 좁은 틈(슬릿)이 있는 장벽을 배치한다. 그리고 그 뒷면에는 전자가 도달하는 모습을 기록하는 스크린을 설치한다.

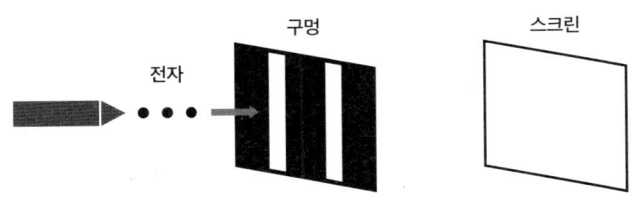

전자는 물질을 이루는 최소 단위이다. 책상, 의자, 휴대폰, 컵, 그릇 등 이런 물질들을 최소 단위로 쪼개면 나오는 것이 '전자'이다. 즉, 전자는 딱딱하고 형태가 있는 물질이다. 전자는 물질이기 때문에 벽을 향해 계속 전자를 쏘면 구멍을 통과한 전자는 건너편 스크린에 도달한다. 구멍이 아닌 부분을 맞은 전자는 튕겨 나갈 것이다. 그래서 다음의 이미지처럼 스크린에 2개의 모양대로 자국이 남는 결과가 나와야 한다.

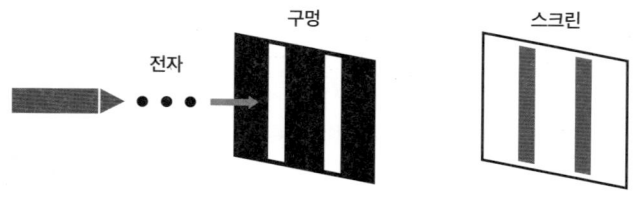

그런데 예상과는 전혀 다른 결과에 과학자들은 무척 놀랐다. 아래의 이미지와 같이 여러 개의 자국이 스크린에 나온 것이다.

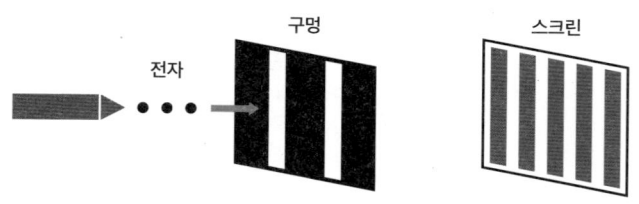

위와 같은 결과가 나오려면 전자가 아닌 파동으로 2개의 구멍을 통과시켜야 한다. 파동은 물질과 아예 다른 개념이다. 잔잔한 물을 손으로 '톡' 하고 치면 물결이 퍼져 나가는데, 그 물결이 '파동'이다. '파동'은 물리적인 형태가 없기 때문에 물질이라고 볼 수 없다.

파동이 구멍 뚫린 벽을 통과하면 각 구멍에서 파동이 생긴다. 그로 인해 서로에게 간섭하고 영향을 주어 여러 갈래로 갈라진다. 물질의 최소 단위인 전자를 통과시켰는데 파동을 통과시킨 결과가 나왔으니 과학자들이 놀란 것이다.

이 결과를 본 과학자들은 전자가 구멍을 통과하는 순간, 우리가 모르고 있는 어떤 현상이 일어날 수 있다고 생각했다. 그래서 전자가 구멍을 통과하는 순간을 관찰하기 위해 카메라를 설치하고 다시 실험을 진행했다. 그러나 전자가 구멍을 통과하는 순간에 특별한 현상은 관찰되지 않았다. 그런데 놀랍게도 스크린에 찍힌 결과는 바뀌었다. 이 실험 결과를 '관찰자 효과'라고 부른다.

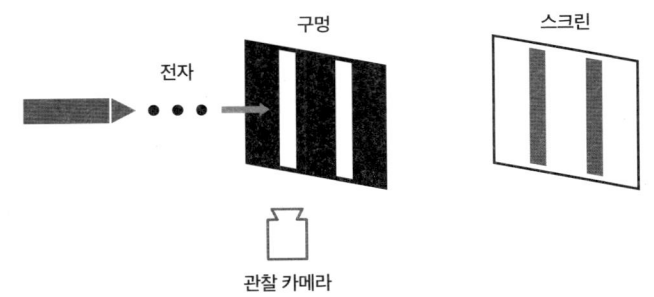

카메라를 설치한 과학자들은 마음속으로 이런 결론을 이미 내리고 있었다. '이건 파동처럼 나올 수 없다. 물질인 전자인데 왜 이런 결과가 나오는 거지?' 실험을 관찰하는 이들이 전자에 대해서 '물질'이라고 인식하고 있었고, 그 인식이 실험 결과에 영향을 주었다. 한마디로 관찰자의 의도가 물질에 영향을 준 것이다.

이와 비슷한 사례가 또 있다. '숭산'이라는 이름의 스님이 살았던 절에 창고가 하나 있었다. 이 창고에는 물을 채운 독에 공양용 두부를 보관하고 있었는데, 어느 날부터인가 두부가 매일 한 모씩 사라지기 시작했다. 스님은 절에 있는 다른 스님들에게 누가 두부를 가져갔는지 물었지만 아무도 가져간 적이 없다고 했다. 창고 문을 잠가두었는데도 두부는 계속 한 모씩 사라졌다.

숭산 스님은 창고 안의 물건들 사이에서 직접 감시하기로 했다. 두부 창고에 들어오는 사람은 하나도 없었다. 그런데 밤이 되자 창문을 통해 한 마리의 고양이가 슬금슬금 기어 들어왔다. 고양이는 두부가 담긴 독으로 다가가더니 물 밑에 가라앉은 두부를 응시했다. 그렇게 10분 정도를 응시하자 갑자기 두부 한 모가 물 위로 떠올랐고, 고양이는 그 두부를 맛있게 먹고는 사라졌다.

이 사례는 고양이의 관찰자 효과로 볼 수 있다. 물 밑에 있는 두부가 떠오르기를 바랐던 고양이의 의도가 물리적 현실에 영향을 준 것이다.

이런 사례도 있다. 프랑스의 르네 푀크 박사가 진행한 실험이다. 그는 로봇과 병아리를 준비했다. 로봇은 로봇청소기처럼 방안을 자유롭게 움직이도록 설계했다. 아래 그림은 로봇을 방안에 두었을 때의 동선을 단순하게 표현한 것이다.

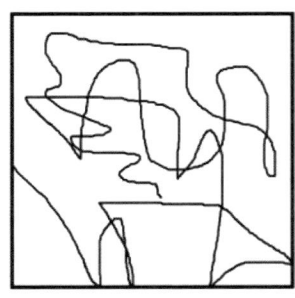

병아리는 알을 깨고 나왔을 때 처음 본 물체를 어미로 인식하여 졸졸 따라다니는 특성이 있다. 이 특성을 활용해 병아리

여러 마리에게 로봇을 어미로 인식하게 만들었다. 그리고 방 안에 로봇과 병아리들을 함께 두면 로봇은 자유롭게 움직이고, 병아리는 로봇을 따라다닌다. 이후 병아리를 방 옆의 새장에 넣고 로봇만 움직이도록 설정했다. 그러자 이전과는 달리 로봇이 병아리가 있는 새장 방향으로 움직이기 시작했다. 이는 병아리의 관찰자 효과라 할 수 있다. 병아리가 로봇을 어미로 인식하고 가까이 가고 싶다는 의도를 지니자, 이 의도가 로봇의 움직임에 영향을 준 것이다.

일본 교세라의 창업주인 이나모리 가즈오의 사례도 있다. 그는 야근 중인 직원들을 격려하려 공장을 순찰하다가, 한편에서 서럽게 울고 있는 기술자를 발견한다. 이유를 묻자 기술자는 IBM에 납품할 부품 제작이 제대로 되지 않았다고 말했다. 이에 이나모리 가즈오는 "제발 잘 되도록 기도해 봤는가?"라고 조언한다. 기술자는 그 말을 되뇌며 다시 시도했고, 결과적으로 부품이 성공적으로 제작되었다. 기술자의 의도가 반영된 관찰자 효과라고 볼 수 있다.

개인적으로도 관찰자 효과를 경험한 바 있다. 인스타그램 팔로워 2만 명 달성 과정이 대표적이다. 2024년 3월, 당시 팔로워 1,100명이었던 시점에서 퍼스널 브랜딩에 어려움을 겪고 있었다. 하지만, 여기서 포기하지 않고 실행과 자기계발, 마인드셋이라는 대중적이지 않은 주제로 2만 팔로워를 목표로 삼았다. 그리고 그 목표를 담은 게시물을 인스타그램에 올렸다. 수개월간 시도해도 늘지 않던 팔로워 수였지만, 관찰자 효과를 믿으며 계속 시도했고, 지금은 1.7만 명에 도달하여 목표 2만 명을 앞두고 있다. 이 또한 생각과 의도가 현실에 영향을 미친 결과다.

모든 사람은 각자의 삶에서 일종의 관찰자이다. 눈에 보이는 세상은 모두 물질로 구성되어 있으며, 어떤 의도와 생각을 갖고 살아가느냐에 따라 각자의 세상이 펼쳐진다. 생각한 대로 일어나는 것이다. 그런데 대부분은 원하는 것이 현실에서 이루어지지 않는다.

인간의 정신은 10%의 의식과 90%의 무의식으로 이루어져 있다. 내가 원하는 것을 생각하는 것은 단 10%인 의식의 영역에서 이루어진다. 그러니 그 생각 이면에 어떤 90%의 무의식이 있는지 들여다보아야 한다. 앞서 말했듯 사람들 대부분은 과거 부모님이나 친인척, 친구, 스스로에 대한 부정성 때문에 원하는 것을 순수하게 간절히 바라지 못한다. 다시 한번 기억하자. 생각한 대로 이루어진다. 내가 무의식 속에서 스스로를 믿지 못하고 해내지 못할 것이라 생각하기 때문에 그대로 현실에서 일어나고 있는 것이다.

'사명'을 만들어
콘텐츠 제작의 이유를 더하라

무언가를 1년 동안 시도했는데 원하는 결과가 안 나온다면 포기해야 하는 걸까. 1년 동안 매달렸는데도 안 되면 주변에서도 그렇고 스스로도 자신을 만류하게 된다.

내게 릴스가 그러했다. 1년 넘게 공부하고 시도했음에도 원하는 결과를 얻지 못했다. 이번 생에서 '릴스는 내가 절대 잘할 수 없는 분야'라고까지 생각했다. 그럼에도 불구하고 꾸준히 시도했고, 과정을 보여주는 콘텐츠를 발견해 결국 원하는 결과를 얻었다. 내가 그렇게 할 수 있었던 것은 '신념'과 '사명' 덕분이었다.

'신념'은 사전적 의미로 해석하면 '굳게 믿는 마음'이다. 내가 말하는 신념은 내 삶에서 핵심 코어가 되는 절대적인 가치다. '내 주변에 이런 사람들로만 가득 차면 삶이 진짜 아름다울 텐데. 행복한 삶일 텐데.'라고 생각이 드는 가치가 '신념'이다. 나의 신념은 '무의식을 들여다볼 수 있는 사람이 한 명이라도 더 생기면 나비효과로 세상이 더 좋아질 것이라 믿기에, 한 명이라도 더 무의식을 들여다보게 만들겠다'라는 것이다. 여기서 '무의식을 아는 사람'이란 순간을 살아가며 내가 당연하게 여기던 생각과 감정에 의심할 수 있는 사람을 뜻한다.

사람들은 자신이 당연하게 믿는 방식대로 생각하고 행동하며 옳고 그름을 판단한다. 하지만 그런 태도는 오히려 잠재력을 제한할 때가 많다. 나는 이처럼 잠재력을 제한하는 무의식을 인지하고, 그 무의식적인 판단과 분리된 사고와 행동을 할 수 있는 사람이 많아지기를 원한다. 그렇게 될 때 진정한 실행이 가능하고, 이를 기반으로 본인이 원하는 삶을 만들어 갈 수 있다고 믿는다.

사람마다 각자만의 신념이 있다. 신념을 찾는 방법은 내가 지금껏 살아오며 싫지만 반복적으로 해 온 행위에 숨겨져 있다. 그 행위는 직업적으로 해 온 일일 수도 있고, 타인을 보며 자주 하는 생각을 실천한 것일 수도 있다.

내 사례를 예로 들어본다면, 나는 어렸을 때부터 내가 알고 있는 것을 남들에게 알려주고 싶은 마음이 강렬했다. 알려주는 행위 그 자체보다 다른 사람이 진짜로 알게 되는 상태가 되는 것, 할 수 있는 상태가 되는 것에 행복을 느꼈다. 그래서 어떻게 하면 단순히 알려주는 것을 넘어 상대방이 진짜로 할 수 있게 만들까를 늘 고민했다. 그러다 발견하게 된 것이 무의식에 대한 것들이었다. 무의식을 들여다볼 수 있고 무의식이 내리는 판단으로부터 자유로워져야 본인이 원하는 삶으로 바꿀 수 있다는 것을 알게 되었다.

사명을 이해해야 동기부여가 된다

대부분 삶의 변화를 만들고 싶어 하지만 그러질 못한다. 이는 무의식을 들여다보고 무의식의 영향으로부터 어느 정도 자유로워질 수 있어야 가능한 일이다. 그래서 남들도 나처럼 되었으면 하는 마음으로 무의식에 대한 내용을 다른 사람들에게 알리는 것이 내 신념이다.

사명은 신념을 재료로 해서 만든다. 사명은 신념을 지키기 위해 내가 어떤 존재로 어떤 일을 할 것인지를 정하는 것이다. 사명은 업을 행할 때 탁월한 전략이 된다. 예를 들어, 구글의 사명은 '전 세계의 정보를 누구나 쉽게 접근하고 사용할 수 있게 한다'이다. 구글의 모든 행보는 이 한 줄의 사명에서 나온다. 이 사명을 알고 나면 구글의 기능과 UX/UI 디자인이 이해된다.

영국 출신의 미국 작가이자 3M, 마이크로소프트, 인텔 등 글로벌 기업과 미 의회, 미 육군 등 다양한 기관에서 강연과 자문을 한 사이먼 시넥Simon Sinek*은 다음과 같은 말을 했다.

"사람들은 당신이 무엇을 하는지(What)가 아니라, 왜 그것을 하는지(Why)에 공감할 때 행동한다."

---

* 사이먼 시넥: 2009년 TED 강연 '위대한 리더들은 어떻게 행동을 이끌어내는가(How Great Leaders Inspire Action)'로 세계적인 주목을 받았으며, '골든 서클 이론'을 통해 조직과 리더십, 동기부여에 대한 혁신적인 시각을 제시했다. 랜드연구소 객원 연구원 및 컬럼비아대학교 전략 커뮤니케이션 강사로도 활동했다. 대표 저서『나는 왜 이 일을 하는가(Start with Why)』,『리더는 마지막에 먹는다(Leaders Eat Last)』,『인피니트 게임(The Infinite Game)』 등이 있다.

그의 이론 중 하나인 '골든 서클 이론Golden Circle Theory'은 성공적인 리더십과 조직 운영의 핵심을 설명하는 모델로, 세 개의 동심원으로 구성된다. 각 원은 안쪽부터 차례로 '왜(Why)', '어떻게(How)', 무엇을(What)'의 질문을 상징한다.

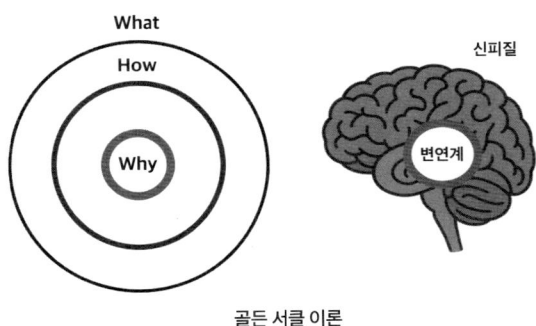

골든 서클 이론

가장 중심의 'Why'는 조직이나 개인이 하는 일의 근본적인 목적, 존재 이유, 신념을 의미한다. 단순히 돈을 벌기 위한 목적이 아니라, 조직이 존재하는 이유와 세상에 끼치고자 하는 영향, 즉 '왜 우리는 이 일을 하는가?'에 대한 답이다. 사이먼 시넥은 위대한 리더와 조직은 'Why'에서 출발한다고 강조한다. 사람들은 무엇을 하는지(What)가 아니라, 왜 그것을 하는지(Why)에 공감할 때 행동하게 된다는 점을 강조한다. 이

Why가 '사명'에 해당한다.

 'How'는 목적을 실현하기 위한 구체적인 방법, 가치, 프로세스, 차별화된 전략을 의미한다. 이는 조직이나 개인이 자신만의 방식으로 목표를 달성하는 과정을 설명한다. 예를 들어, 제품이나 서비스가 경쟁사와 어떻게 다른지, 어떤 특별한 가치가 있는지 등이 여기에 해당한다.

 가장 바깥 원인 'What'은 조직이나 개인이 실제로 하는 일, 즉 제공하는 제품, 서비스, 결과물을 뜻한다. 대부분의 조직과 사람들은 자신이 무엇을 하는지 명확히 알고 있으며, 이를 중심으로 커뮤니케이션하는 경향이 있다.

 대부분의 조직은 '무엇을(What)'에서 출발해 '어떻게(How)', '왜(Why)'로 접근하지만, 진정으로 영감을 주는 리더와 조직은 '왜(Why)'에서 시작해 '어떻게(How)', '무엇을(What)'의 순서로 소통한다. 'Why'가 명확할 때, 조직의 방향성과 전략, 그리고 고객 및 구성원과의 소통이 일관되고 강력해지며, 더 큰 신뢰와 동기부여를 끌어낼 수 있다. 애플, 라이트 형제, 마틴 루터 킹 주니어 등은 모두 'Why'에서 시작해 사람들에게 영감을 주고, 행동을 이끌어낸 대표적인 예시로 자주 언급된다.

제품이나 서비스를 기획할 때, 단순히 '무엇을' 만드는지에 집중하는 것이 아니라, '왜' 이 일을 하는지부터 명확히 해야 한다. 이는 과정을 콘텐츠로 보여주는 것에도 똑같이 적용된다. 'Why'를 중심에 두고, 'How'로 차별화된 가치를 만들고, 'What'으로 구체적으로 실현하는 것이 남들과 차별점을 가질 수 있는 프로세스다. 생산자와 소비자의 관점 차이가 여기에 있다. 소비자는 생산자가 Why로부터 출발한 What을 본다. What에서 How로, How에서 Why로 점차 매료된다. 그러니 생산자는 소비자와 반대로 가야 한다. Why를 찾고 Why를 기반으로 한 How를, 그리고 What을 정하는 것이다. 많은 사람이 다른 사람의 좋은 결과물들을 벤치마킹함에도 실패하는 이유는 What이나 How만을 보고 따라 하기 때문이다.

골드 서클의 세 가지 단계는 뇌의 세 가지 주요 구조와 정확히 일치한다. 골든 서클의 가장 바깥은 'What'이다. 인간 뇌의 가장 바깥쪽은 호모사피엔스의 뇌인 신피질이다. 이 부위는 언어, 이성과 분석적 사고를 담당한다. 다양한 정보, 기능, 특징 등을 논리적이고 이성적으로 이해하는 부위가 신피질이다. 골든 서클의 'What'과 일치한다.

뇌의 신피질보다 안쪽 부위는 변연계라고 해서 우리가 느끼는 모든 감정을 담당한다. 동시에 인간의 행동과 의사결정을 실제로 이끌어내는 역할을 한다. 이 부위는 언어를 사용할 수 없다. 인간의 행동을 유도하는 부위는 신피질이 아니라 변연계라는 것이다. 골든 서클에서 'What'으로는 인간의 행동을 유도할 수가 없다. 'How'와 'Why'를 통해 인간은 반응하고 행동하게 된다.

좋아하는 사람이 있는 누군가에게 그 사람이 왜 좋은지 물어보면 "친절해요.", "똑똑해요.", "다정해요." 등과 같은 이유를 말한다. 세상에 친절하고 똑똑하고 다정한 사람은 많다. 그런데 왜 그 사람을 좋아하는 걸까. 좋아하는 감정은 분명한데 말로 정확히 설명하기가 어렵다. 우리 인간은 마음이 이끄는 대로, 감정이 이끄는 대로 결정을 내리고 이성적으로 설명하려 한다. 그래서 다른 사람이 내 팬이 되고 팔로워가 되게 하려면 감정의 영역에서 설득되어야 한다.

감정의 영역을 설득하는 법이 'Why'다. 과정을 보여주는 콘텐츠도 'Why'가 중요하다. 내가 왜 이 과정을 계속 콘텐츠로 보여주어야 하는지 나만의 이유가 명확해야 한다. 이것이 곧 사명이다.

세상에는 수많은 아이디어, 산업, 문화, 브랜드들이 있다. 그 중에는 얼마 못 가 금방 사라지는 게 있는가 하면, 점점 확산되어 더 많은 사람에게 사랑받고 혁신하는 것이 있다. 이런 차이를 만드는 요인도 결국 명확한 'Why'가 있느냐다. 제프리 A. 무어는 그의 저서 『캐즘 마케팅』에서 "초기 수용자를 사로 잡는 게 혁신의 시작이고, 초기 수용자 다음으로 초기 다수자, 후기 다수자, 후기 수용자를 사로잡을 수 있다."라고 설명한다.

전체 인구는 다음 다섯 그룹으로 나눌 수 있다. 혁신가, 초기 수용자, 초기 다수자, 후기 다수자, 후기 수용자. 분포도를 그리면 아래 이미지와 같다.

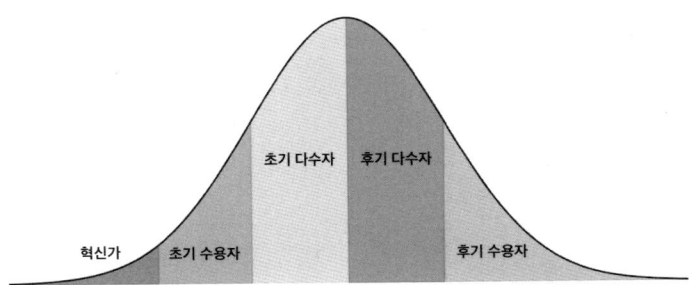

어떤 아이디어나 문화, 브랜드 등이 출시되면 제일 왼쪽에 있는 혁신가가 먼저 접하게 된다. 혁신가는 '처음 해 보는 것' 자체에 흥미를 느끼는 사람들이다. 혁신가 다음으로 초기 수용자에게 퍼진다. 초기 수용자는 새로운 것을 직관적으로 알아보는 것에 능한 사람들이다. 초기 수용자는 불편을 무릅쓰고서라도 마음에 드는 제품이 있다면 구매한다. 이들 마음에 들려면 제품에 대한 공감이 필요하다. 그 공감을 이끌어내는 것이 'Why'다. 위 분포도에서 오른쪽으로 갈수록 'Why'에 공감하지 않는 사람들이다. 'Why'에 공감하지 않는 사람들의 마음까지 움직이려면, 먼저 초기 수용자와 초기 다수자의 지지를 얻어 그들 사이에서 자연스럽게 입소문이 퍼져야 한다. 그 입소문을 만드는 것은 해당 제품, 아이디어, 산업, 문화, 브랜드 등이 기존과 얼마나 차이점이 있는가가 아니다. '얼마나 명확한 Why가 있느냐'이다. 명확한 Why를 기반으로 한 How와 What이 있어야 깊이 공감하고 확산될 수 있다.*

---

* 사이먼 시넥, 이진원 옮김, 『나는 왜 이 일을 하는가(START WITH WHY)』, 세계사, 2011.

과정을 보여주는 콘텐츠도 이 프로세스를 따른다. 과정을 보여주는 콘텐츠를 발행하면 혁신가들이 발견하고 그다음 초기 수용자들, 초기 다수자 순으로 퍼지게 될 것이다. 보다 더 많은 사람에게 '나' 혹은 '나의 상품'이 알려지고 퍼지려면 초기에 접하는 사람들을 먼저 사로잡아야 한다. 이들에게 공감을 이끌어내기 위한 뛰어난 아이디어, 지금까지 없던 주제는 Why가 가능하게 해 준다.

제대로 된 방향으로 꾸준히 실행하라

내 사명은 두 가지다. 첫 번째 사명은 '본질 강화에만 너무 집중한 나머지 판매에 어려움을 겪는 분들을 내 세일즈 능력으로 도와 세상을 이롭게 만든다'라는 것이다. 상품의 본질이 뛰어난 것과, 그 상품을 다른 사람들이 '진짜 좋다. 갖고 싶다'라고 느끼는 것은 전혀 다른 차원의 일이다. 많은 사람이 본질만 뛰어나면 사람들이 알아서 사주거나, 어필만 잘하면 된다고 생각한다. 하지만 본질이 뛰어나도 어필이 부족하면 잘 팔리지 않고, 어필만 잘하면 일시적인 판매는 가능하겠지만 결국 본질이 약해 실망한 사람들이 떠나게 된다. 따라서 본질과 어필, 두 가지를 균형 있게 갖추어야 한다. 이 사명을 기반으로 현재 온라인 마케팅 퍼널 설계의 대행과 릴스 제작 대행을 하고 있다. '비용을 낼 테니 대행해 주세요.'라고 한다고 해서 아무나 대행해 드리지 않는다. 사명을 기반으로 정말로 본질이 뛰어남에도 잘 알리지 못하고 있는 분을 긴밀한 검토를 통해서 선정한다.

두 번째 사명은 '제대로 된 방향으로 꾸준히 실행하는 사람만이 원하는 삶을 주도적이고 주체적으로 만들어 갈 수 있다'는 것이다. 여기서 말하는 '제대로 된 방향'은 마인드셋과 관련이 있다. 즉, 자신의 무의식을 아는 것이 그 방향이다. 사람들은 성공이나 명예, 수익 등을 외부에서 찾는다. 그래서 탁월한 방법, 남들이 모르는 비밀 같은 것을 찾고자 한다. 그러나 정답은 내부에 있다. 갑자기 떠오르는 직관적인 아이디어들이 바로 정답이며, 그것을 꾸준히 실행해야 한다. 비록 당장은 결과로 이어지지 않더라도 결국 내가 원하는 것을 얻게 되는 기반이 된다.

사람들은 원하는 결과를 가져다줄 단 하나의 방법을 찾으려 한다. 하지만 그런 것은 존재하지 않는다. 특정된 하나의 방법으로 원하는 결과를 얻는 경우가 있다면, 그것은 사기이거나 그 전에 수많은 시행착오와 실행, 실패가 쌓여 그 하나가 물꼬를 튼 것이다. 그런 유혹에 휘둘리지 않고 자신의 직관을 따르고 자신을 믿으며 꾸준히 실행하는 사람이야말로 세상을 바꾸고 자신이 원하는 삶을 만들어 갈 수 있다.

나는 오직 하나의 사명, '제대로 된 방향으로 꾸준히 실행하는 사람만이 원하는 삶을 주도적이고 주체적으로 만들어 갈 수 있다.'를 보여주기 위해 달려왔다. 사람들도 이 사실을 머리만이 아닌 가슴으로 이해하길 바랐다. 그러려면 선행되어야 하는 것이 본인이 원하는 결과를 진짜로 만들어 내고자 하는 의지가 생겨야 한다. 그다음엔 원하는 결과를 삶에서 얻기 위해 무엇을 해야 할지 궁금해하고 알고 싶은 마음이 들어야 한다. 이런 마음이 들게 하려면 실행 과정을 직접 보여주어야 한다는 것을 알게 되었다. 그래서 과정을 보여주는 릴스를 계속해서 올리게 되었다.

이 책을 쓰고 있는 시점 이후로 1년 넘게 릴스를 통해 과정을 보여주고 있다. 어떻게 하면 사람들이 내 사명을 받아들이게 할 수 있을까를 고민하며 해 온 행동들이다. '월 얼마를 벌기 위해서'와 같은 목적으로는 할 수 없는 일이라 생각한다.

과정을 보여주는 콘텐츠는 어렵다. 자신을 드러내야 하고 못난 부분까지 보여줄 용기가 필요하다. 그 용기를 가능케 해 주는 것, 혹은 용기가 없어도 실행할 수 있도록 만들어 주는 것이 바로 명확한 신념과 사명이다. 신념과 사명을 더 잘 실현하기 위해 수많은 도구, 기술, 방법 중 가장 효과적인 수단인 '과정 공개 콘텐츠'를 만드는 것이다.

신념과 사명은 새롭게 창조하는 것이 아니다. 내 안에서 찾아야 한다. 하지만 신념과 사명을 찾아도 소용없는 경우가 있다. 하나는 신념과 사명을 잘못 찾은 경우이고, 다른 하나는 잘 찾았음에도 자기 의심에 빠지는 경우이다. 무의식 속에 자신에 대한 부정적인 전제가 있다면, 잘못된 신념과 사명을 찾을 수 있고 잘 찾아도 스스로 그것을 믿지 못하게 된다.

또 신념과 사명은 한 번에 정확하게 찾아내야만 하는 것이 아니다. 본인이 중요하다고 생각하는 가치를 기반으로 먼저 정하고, 이를 바탕으로 행동하다 보면 사명을 조금씩 수정하게 되고 점점 정교해진다.

  사명을 정할 때 중요한 점은 외부 시선에 휘둘리지 않는 것이다. 내 사명을 남들이 이해 못 해도 상관없다. 내가 내 삶에서 중요하게 여기는 가치이니 남들이 부정적으로 얘기해도 듣지 않으면 그만이다. 불가능한 사명이어도 상관없다. 사명을 실현하면 부정적인 시선들을 바꿀 수 있다. 단적인 예시로 테슬라의 일론 머스크를 들 수 있다. 처음에 인류를 화성으로 이주시키겠다고 얘기했을 때 다들 '말도 안 되는 소리'라며 비웃었다. 하지만 지금은 사람들이 그의 사명을 점점 믿고 있다. '이러다 진짜 화성에 갈 수도 있겠는데'라며 오히려 기대와 응원을 하게 된다.

나 자신의 존재 자체를 긍정하라

"다른 사람들이 보고 별로라고 생각할까 봐요."
"아, 뭔가 잘못 만든 거 같아요."

이는 콘텐츠 초보자가 일반적으로 하는 말이다. 그리고 이런 마음가짐은 콘텐츠 제작을 가로막는 장벽이 된다. 이 말들에는 공통점이 있다. '남들의 시선이 신경 쓰인다'는 것. 콘텐츠는 지속적으로 꾸준히, 일관된 태도로 올리는 게 중요하다. 그러기 위해선 '남들의 시선'을 신경 쓰지 말아야 한다. 하지만 '남들의 시선 따위 무시해야지.' 한다고 해서 신경이 안 쓰이는 게 아니다. 결국 남들에게 보여주기 위해 제작하는 콘텐츠이기 때문이다. 남들의 시선이 두려운 이유는 스스로가 자신을 수용하지 못하고 있어서다. 자기계발서에서 흔하게 하는 말을 적겠다. 과정을 보여주는 콘텐츠를 잘 만들려면 나 자신을 수용하고 사랑하는 상태가 되어야 한다.

하지만 이는 생각보다 쉽지 않다. '나 자신을 사랑해 보자'라고 마음먹어보지만 그런 마음은 좀처럼 생기지 않는다.

'자기 자신을 사랑하는 법'에 대해서 찾아보면 다음과 같은 지침이 따라온다. 운동하기, 자기애와 관련된 책 읽기, 새로운 모임 참석, 새로운 취미 가져보기 등등. 이런 방법들이 일시적으로는 효과가 있을 수 있지만, 근본적인 해결책이 되지는 않는다. 나 자신을 사랑하는 법은 먼저 '왜 나는 나 자신을 사랑하지 못하는지, 어떤 부분이 싫은지'를 인지하는 것이다.

먼저 이 질문에 대해 생각해 보자. 우리의 삶은 과거, 현재, 미래 3가지의 시간대로 나누어져 있다. 현재 나의 생각이나 감정, 또는 어떤 일을 겪었을 때 순간적으로 드는 판단은 과거와 미래 중 어떤 시점에 영향을 받는다고 생각하는가. 많은 사람이 '과거'라고 답한다. 틀린 답은 아니다. 하지만 더욱 정답에 가까운 것은 '미래'다. 우리가 순간적으로 내리는 판단과 순간적으로 드는 생각과 감정은 미래의 영향을 받는다. 더 정확하게는 '과거의 영향을 받은 미래'다.

예를 들어 20대 후반의 A라는 여자가 있다. A 씨는 사귄 지 한 달 정도 된 직업이 의사인 남자친구가 있다. 처음에는 준수한 외모와 든든한 직업이 호감이었다. 그런데 막상 남자친구가 되어보니 안 맞는 부분들이 너무 많았다. 특히 의사라는 직군 때문인지 본인 말이 무조건 맞다는 태도가 문제였다. 이들은 늘 티격태격 싸웠고 결국은 이별을 하게 됐다. 그 뒤 6개월이 지났다.

A 씨는 지인 소개로 소개팅을 나가게 되었다. 상대 남자에 대해서는 이름과 연락처만 알고 있는 상태였고, 의외로 이야기가 잘 통했다. 그러다 이 남자의 직업 역시 의사라는 사실을 알게 되었다. 이때 A 씨는 어떤 생각과 감정이 들까? '또 의사야? 의사 별론데.' 또는 '나랑 잘 안 맞을 거 같아.' 등과 같은 생각이 들 것이다. 이런 생각은 전 남자친구와 만나면서 힘들었던 기억으로 인해 나온 것이다. 그래서 무의식중에 다음과 같이 학습된 것이다.

'의사인 남자친구를 만나면 항상 자신의 주장만 강해 함께 어울리기 힘들다.' 소개팅 남자가 의사라는 직업을 알게 된 순간 무의식중에 저절로 미래를 예측하는 것이다. 이 미래에 대한 예측은 본인의 과거 경험을 기준으로 한 것이다.

그런데 한번 잘 생각해 볼 필요가 있다. 진짜 소개팅 남자가 의사인 것이 문제가 될까? 전 남자친구가 직업이 의사긴 했어도 의사 자체가 문제라고 여기는 건 성급한 일반화다. 모든 의사가 전 남자친구의 성격과 비슷할 리 없다. 그저 의사라는 직업 때문이 아닌, 성격상 맞지 않았을 수도 있다.

그렇다. 지금 소개팅 남자가 직업이 의사라는 것을 알고서 순간적으로 든 생각은 무의식중에 저절로 든 생각과 판단이며 이는 틀렸을 수도 있다. 내 경험이 좋지 않은 기억을 남겼기에 비슷한 경험을 하고 싶지 않은 것이다. 그래서 '직업이 의사인 남자를 만나면 힘들다'라고 스스로가 믿게 된 것이다.

A 씨가 과거 경험으로 인해 미래를 예측하며 현재의 판단을 내리는 생각의 흐름은 일부 사람만 겪는 소수의 예시가 아니다. 나 역시 그렇고 독자인 당신 포함 대부분이 이러한 메커니즘으로 현재를 판단한다. '자라 보고 놀란 가슴, 솥뚜껑 보고 놀란다.'라는 말처럼 말이다. 중요한 것은 이런 구조를 파

악하는 것이다. 나를 사랑하는 방법이 이러한 인간의 생각 구조와 밀접한 관계가 있기 때문이다.

자신을 수용하고 사랑해야 한다는 말은 역으로 현재 자신을 수용하지 못하고 있다는 것이다. 여기서 말하는 '나 자신'은 지금의 나를 만든 과거의 나 자신을 의미한다. 자신을 부정적으로 바라보는 것은 결국 과거의 자기 자신을 평가하고 있는 것이다. 그러므로 자기 수용과 사랑은 '과거'의 자기 자신에 대한 수용과 사랑을 뜻한다.

우리는 늘 자기 자신에 대해 결핍, 부족함, 문제 있음으로 자신의 존재를 인지하며 살아간다. 나에겐 지금 부족한 면이 있으니 그 부분들을 끊임없이 계속 채우려 한다. 하지만 그럴수록 오히려 부족한 면은 마치 밑 빠진 독처럼 채우고 채워도 여전히 만족스럽지 않다. 나는 지금 부족하니 성장이 필요하고 더 발전해야 한다는 결핍감으로 뭔가를 계속해서 하려고 한다. 그럴수록 아이러니하게 더 힘이 빠지고 몸이 움직이지 않는다.

이는 자신에 대한 전제 자체가 애초에 잘못되었기 때문이다. 우리는 지금 이 순간에 전혀 모자라지 않다. 전혀 부족하지 않다. 그 어떤 문제도 없다. 내가 더 나은 모습으로 발전하는 방법은 나를 결핍감이 가득한 존재로 바라보는 게 아니라 이미 충분하고 문제없는 존재로 보고, 자기 자신을 수용하고 사랑하고 긍정하는 것에서 시작하는 것이다.

내가 이렇게 말하면 '그러면 지금 충분하니까 아무것도 할 필요가 없는 거 아닌가요?'라고 반문한다. 그 질문 자체가 나 자신을 결핍감으로 바라봐야 한다는 사고에서 하는 질문이다.

자신의 자녀를 대하는 부모의 마음을 생각해 보자. 나의 아이한테는 그 어떤 것을 해 줘도 늘 부족한 마음이다. 아무거나 먹이고 싶지 않고, 아무것이나 입히고 싶지 않다. 이 옷을 입은 모습은 별로라서 저 옷을 사서 입히는 걸까? 아니다. 내 아이를 너무 사랑하기 때문에 이 옷도, 저 옷도 다 사주고 싶은 거다. 어떤 옷을 입혀도 우리 아이는 예쁠 테니, 이것저것 다 입혀 보고 싶은 것이다. 이런 부모의 마음을 자신에게 가져야 한다. 내게 무슨 일이 일어나도 어떤 상황에 놓여 있어도 '나는 충분하다, 괜찮다, 사랑스럽다'라며 자기 자신의 존재를 긍정할 수 있는 상태가 되어야 한다.

전 남자친구가 의사였고 소개팅에 나온 상대 남자가 의사라는 걸 알게 되었을 때 불안하고 망설임이 올라온 A 씨의 경우도 자기 자신에 대한 긍정이 없었기 때문이다. 성격이 제멋대로인 남자친구를 만났던 과거의 본인을 수용하지 못하는 것이다. 내가 얼마나 못났으면 그런 남자를 만났을까, 하는 마음이다. 하지만 괜찮다. 그런 남자친구를 만나 속상하고 우울했어도 감정은 감정일 뿐, 그런 남자를 만나보는 경험을 했다는 거 자체가 의미 있고, 긍정적이다. 앞으로 남자를 보는 기준은 한껏 높아졌을 것이다.

자기 사랑, 자기 수용, 자기 존재 긍정이 지향점이다. 우리는 자기 자신을 긍정할 수 없는 환경 속에서 몇십 년을 살아간다. '결과가 중요하다'라는 말을 들으며 자신이 낸 성과나 결과가 별로일 때 들은 말들, 과거에 내가 한 행동이나 말, 선택에 의해 부모님이나 친구들, 혹은 그 외 사람들이 '나'를 좋지 않게 평가했던 경험들이 자기 존재 긍정을 막는다. 이때 매 순간마다 과거의 자신을 개별적인 사람처럼 두고서 다시 평가해야 한다. 그 당시의 나 자신이 했던 말, 행동, 선택이 반드시 잘못된 것만은 아니라는 사실을 인식해야 한다.

과거의 자신 중에서도 내 존재에 대한 긍정을 만드는, 가장 뿌리가 되는 '나'는 부모님으로부터 태어난 '나' 자신이다. 내가 생각하는 아버지가 어떻건, 어머니가 어떻건 그들에 대한 내 부정적인 평가는 모두 의미가 없다. 이 부정적인 마음들을 내려놓는 것이 나 자신을 긍정하고 수용하는 데에 핵심이다. 그들에게 갖고 있는 부정적인 평가로 내가 나 자신을 가두게 된다.

우리는 '좋은 결과를 내야만 한다'는 사실에 익숙해져 있다 보니 과정을 보여주려는 것이 별로 가치 없다고 생각한다. 과정을 보여주는 콘텐츠는 장기적인 시각을 갖고 꾸준히 만들어야 하며 이는 쌓일수록 큰 위력이 된다. 그리고 꾸준함을 가지려면 사명이 있어야 한다. 사명이 확실하고 굳건해야 과정을 보여주는 콘텐츠를 지속할 수 있다. 그리고 그 전에 자기 자신에 대한 수용이 높아야 한다.

어떤 선택이나 행동이 즉각적으로 좋은 결과로 이어지지 않아도 괜찮다. 애초에 시도하고 실행했다는 것 자체로 훌륭하다. 직접 해 봤기 때문에 깨닫고 '진짜' 알게 된 것이 있는 것이다.

롤모델을 찾고 빙의하라

저니로그는 '나'를 드러내야 하고, 내 과정을 솔직하게 불특정 다수에게 보여주어야 하기에 심리적 저항이 매 순간 올라온다. 내 무의식을 인지하고 사명이 확고함에도 그만두고 싶은 순간은 늘 찾아온다. 이럴 때마다 쉽게 대처할 수 있는 치트키를 발견했는데, 바로 롤모델을 떠올리는 것이다. '만약 그분이라면 어떻게 하셨을까'라고 스스로에게 질문한다. 그리고 그 롤모델들이 극복한 불가능했던 일들과 지금 내가 두려워하거나 주저하는 일을 비교해 본다. 그러면 지금의 일이 별것 아닌 것처럼 느껴지며 과감히 실행할 수 있게 된다. 롤모델은 단순히 남들이 훌륭하다고 여기는 인물이 아니다. 그 인물의 심정이 이해가 되고 '어떻게 그럴 수 있을까'라는 생각이

들며, 마음 깊은 곳에서부터 존경심이 올라오는 인물이어야 한다. 내게는 2명의 롤모델이 있다.

첫 번째는 한국남방개발 코데코KODECO 그룹의 회장이었던 故 최계월 회장이다. 이분은 대한민국이라는 한정된 시장에서 동족의 돈을 벌어들이는 사업을 지양하고, 해외를 무대로 남다른 스케일의 사업을 펼쳐온 인물이다. 인도네시아에서 경상북도만큼의 넓이인 98만 헥타르의 임지를 확보해 산림을 개발했고, 인도네시아에서 한국인 최초로 LPG 가스를 시추했다. 그중에서도 가장 인상 깊은 업적은 전 세계적으로 발생한 오일 쇼크 당시, 나라를 세 번이나 구한 것이다.

당시 오일 수입이 어려워지면서, 국내 오일이 거의 바닥나기 직전의 상황이었다. 대통령은 장관들을 해외로 보내 오일을 공수하려 했지만 모두 실패했다. 결국 인도네시아와 깊은 연이 있던 최계월 회장에게 부탁하게 된다. 그는 인도네시아 해역에서 광구를 따내어 유전을 확보하고, 대규모 석유와 가스 시추에 성공한다. 당시 시추선은 하루에 3만 달러, 우리 돈 3천만 원이 들었고, 3척을 동시에 움직이니 하루에 1억 원이 소요되었다. 시추 하나를 성공시키는 데 최소 20일이 걸리므로, 당시 돈으로 20억 원이 필요했다. 시추 성공률도 낮았다. 인도네시아의 석유공사는 39개의 구멍 중 4개를 성공했고, 일본의 성공률은 0.22%였다.* 그러나 최계월 회장은 첫 번째, 두 번째, 다섯 번째 구멍에서 시추에 성공했다. 이는 우리나라 최초의 시추 도전이었으며, 결국 이 일로 오일 수입의 위기에서 벗어날 수 있었다. 콘텐츠를 제작하며 '이게 될까'라는 심리적 저항이 생길 때마다 최계월 회장을 떠올린다. 그의 업적과 비교하면 지금의 고민은 아무것도 아닌 것처럼 느껴지고, 실행할 힘이 생긴다.

두 번째 롤모델은 현대의 故 정주영 회장이다. 이분은 수많은 불가능을 가능으로 바꾼 인물이다. 특히 인상 깊었던 일은 1988년 서울 올림픽 유치를 위한 IOC 총회에서의 활동이다. 당시 우리나라는 일본 나고야를 상대로 절대 승산이 없다고 평가받았다. 총 82표 중 3표 정도 받을 수 있을 거라는 비관적인 전망이 지배적이었고, 추진위원들도 회의에 불참할 정도였다.

* 이호 지음, 『나는 아스팔트 깔린 길은 가지 않는다』, 올림, 2012.

그러나 정주영 회장은 다르게 생각했다. 매일 아침 전략 회의를 열며 실행에 옮겼다. 호텔 로비에 마련된 한국관에는 미스코리아와 스튜어디스들에게 한복을 입혀 외국인을 맞이하게 했고, 한국 고유 문양이 들어간 전통적인 선물도 준비했다. 그 결과 일본관은 한산해졌고 한국관에는 인파가 몰렸다. 또 각국 IOC 위원의 호텔 방에 꽃바구니를 보냈는데, 이 꽃바구니는 위원들의 아내들을 기쁘게 만들었고, 아내의 기쁨은 남편에게도 전해졌다.

그럼에도 불구하고 발표 전날까지 나고야가 유력하다는 여론이 우세했다. 그러나 정 회장은 서울이 46표 정도는 받을 것이라 확신했고, 투표 결과 서울이 52표를 받아 기적적으로 1988년 올림픽 유치에 성공하게 된다. 그는 모두가 불가능하다고 했던 일을 가능하게 만들었다.[**]

나는 불안하거나 부정적인 감정이 올라올 때, 이 두 롤모델을 떠올린다. 인스타그램 릴스를 만들기 시작했을 때, 1년 넘게 영상 조회수도 안 나오고 팔로워도 늘지 않아 포기하고 싶

[**] 정주영 지음, 『이 땅에 태어나서』, 솔, 2015.

었다. 그러나 두 롤모델을 떠올리며 이 일은 그에 비해 아무것도 아니라는 생각으로 계속 시도했고, 결국 콘텐츠 제작 실력을 키우고 팔로워 1만 명을 달성하게 되었다.

(주)더본코리아 본사를 불시에 방문했던 일도 마찬가지다. '이렇게 하는 게 맞을까'라는 두려움이 있었지만, 롤모델을 떠올리니 두려움이 사라졌고, 구매팀과 즉석 미팅까지 하게 되었다. 모두가 불가능하다고 말했던 일을 실제로 가능하게 만든 두 사람을 떠올리면, 내가 망설이거나 두려워했던 일들은 모두 아무것도 아니게 느껴지고 실행할 수 있게 된다.

4장

과정을 보여주면 팬덤이 생긴다

○

영상으로 과정을 생생하게 전하라

"동영상 콘텐츠 만드는 거 너무 어려워요. 글로 쓰면 안 되나요?"

동영상은 기획과 촬영, 편집도 모두 혼자 해야 하니 경험해 보지 못한 사람은 무척 어렵게 느낀다. 그래서 동영상보다 편한 텍스트로 과정을 보여주려는 분도 있다. 안 될 이유는 없다. 그래도 웬만하면 동영상 콘텐츠를 추천한다. 텍스트로만 된 콘텐츠는 동영상에 비해 노출 정도가 낮기 때문이다. 또한 텍스트는 읽고 이해해야 하기 때문에 집중해서 봐야 한다. 그러다 보니 다소 피로감을 느낀다. 동영상 콘텐츠는 한눈에 이미지가 보이니 굳이 집중하지 않아도 쉽게 다가온다. 블로그 글보다 유튜브나 인스타그램 릴스에 더 많은 조회수가 나오는 이유가 여기에 있다. 콘텐츠는 가능한 한 더 많은 사람에게 노출되어야 한다. 그래야 세상에 기여할 수 있는 기회가 생긴다.

동영상 콘텐츠를 사람들이 더 선호하는 데는 과학적인 이유도 있다. '사바나 지능'*이라는 이론이 있다. 이 이론에 따르면 인간은 현재 문명화된 환경에서 살아가고 있지만 뇌는 여전히 문명이 발달하기 전 자연, 초원에서 살아가던 시기의 작동 방식을 유지하고 있다. 인류가 탄생했던 시점부터 지금까지의 기간 중 문명 속에서 살아온 기간보다 자연 속에서 살았을 때의 기간이 훨씬 길기 때문이다. 우리가 TV나 스마트폰을 통해 보는 연속된 이미지의 가상 존재를 실제 존재처럼 받아들이는 것도 이 사바나 원칙 때문이다.

글은 비교적 최근에 등장한 정보 전달 방식이지만, 영상은 실제 환경에서 얻는 감각 자극과 비슷하기 때문에 본능적으로 더 쉽게 받아들여진다. 그래서 사람들은 텍스트보다는 동영상을 더 선호하고, 따라서 동영상 콘텐츠가 더 많은 사람에

---

* 사바나 지능: 인간의 두뇌가 진화적으로 인류가 살던 초기 환경(즉, 아프리카 사바나와 같은 원시 자연환경)에 맞춰져 있다는 개념에서 비롯된 용어다.

게 노출될 수 있는 것이다.

  물론 카테고리나 주제, 상황에 따라서는 글로 과정을 보여주는 것이 더 적합한 경우도 있다. 글로 콘텐츠를 만들고자 한다면, 관련 내용을 사진과 동영상으로 많이 담아두는 것이 좋다. 과정 중에 벌어진 일들을 디테일하게 서술하고, 당시 느낀 감정과 이미지 및 동영상을 글 중간중간에 함께 삽입해야 과정의 생동감이 제대로 전달된다.

훅으로 시선을,
스토리로 마음을 사로잡아라

처음 동영상 콘텐츠를 만드는 경우, 가장 본질적이고 중요하며 유료로 배울 때 반드시 나올 법한 정보를 담아내는 경우가 있다. 하지만 대개 이런 콘텐츠는 시청자들의 외면을 받는다. 첫 도입부가 매력적이지 않기 때문이다. 도입이 어떠냐에 따라 뒤에 오는 내용에 대한 수용도가 달라진다. 똑같은 내용임에도 시작 부분에 따라서 '와, 이런 엄청난 걸 알려주다니'라고 느낄 수도 있고 '아 지루해. 재미없어'라며 도중에 꺼버릴 수도 있다.

'훅-스토리-제안'이라는 개념이 있다. 러셀 브런슨Russell Brunson*의 저서 『마케팅 설계자』**에서는 SNS 콘텐츠나 랜딩 페이지를 만들 때 훅-스토리-제안 구조를 따른다고 설명한다. 이 중 가장 핵심적인 요소는 '훅$_{Hook}$'이다. 훅은 흔히 사람들의 시선을 끌고 주목받는 방식, 일명 '어그로'를 의미한다고 생각하기 쉽지만, 훅은 단순한 이목 집중을 넘어 더 중요한 기능을 한다.

나는 훅을 이렇게 정의하고 싶다. '처음 마주하는 순간에 전달하는 정보로, 그 뒤에 올 내용과 정보를 받아들일 수 있도록 심리 상태를 바꾸는 장치'. 러셀 브런슨은 '사전 프레임'이라는 개념을 통해 훅의 본질을 설명한다. 러셀은 아만드 모린***의 세미나에서 강연했을 때의 사례를 들려줬다.

강연 전, 아만드 모린은 러셀에게 이렇게 말했다.

"프레젠테이션 후 매출에 영향을 주는 건 강연 전 내가 당신을 어떻게 소개하느냐에 달려 있어요. 내 소개로 인해 당신의 매

---

* 러셀 브런슨: 1000억 원 규모의 마케팅 플랫폼 기업 '클릭퍼널스닷컴(ClickFunnels.com)'의 설립자이자 대표로, 판매 퍼널 시스템을 통해 100만 명이 넘는 기업가들에게 영향을 미친 미국 온라인 마케팅 업계의 대표적인 전문가.
** 러셀 브런슨 지음, 김상현 옮김, 윌북, 2023(원제: DotCom Secrets, 2015).
*** 아만다 모린: 세계적으로 유명한 인터넷 마케팅 전문가이자, 자수성가한 억만장자 사업가. 1996년 단돈 $1.83을 가지고 온라인 비즈니스를 시작해, 25년 넘게 인터넷 마케팅 분야에서 글로벌 기업을 일구었다. 그의 사업은 100여 개국 이상에서 운영되었으며, 누적 매출은 1억 달러(약 1,300억 원) 이상에 달한다.

출이 어떻게 변하는지 잘 보세요."

실제로 강연에 앞서 아만드 모린은 러셀 브런슨이 얼마나 대단한 사람인지, 그의 업적과 성과를 참가자들에게 소개했고, 이후 러셀이 등장해 강연을 시작했다. 강연이 끝나고 러셀은 1997달러짜리 고가 상품을 제안했는데, 해당 강연에 참가한 사람의 45%가 러셀의 상품을 구매했다. 반면 똑같은 강연을 다른 자리에서 했을 때는 15%만 구매했었다. 아만드 모린이 참가자들에게 러셀에 대해 사전 정보를 전달한 것이 곧 훅이었고, 이 훅이 청중의 몰입을 유도해 프레젠테이션과 제안에 영향을 준 것이다.

훅-스토리-제안 구조에서 보면, 훅을 통해 스토리를 들을 준비된 상태가 되고, 스토리를 통해 매료된 사람들은 스토리 다음의 제안에 열린 자세가 된다.

과정을 보여주는 콘텐츠를 만들 때도 훅은 가장 중요한 요소다. 텍스트로 된 콘텐츠든 동영상 콘텐츠든 시청자가 처음부터 끝까지 보는 콘텐츠가 좋은 콘텐츠다. 그러니 가장 중요한 것은 끝까지 볼 수 있도록 유도하는 것이다.

블로그 글, 스레드 글, 인스타그램 릴스, 유튜브 숏츠 등 다양한 콘텐츠 형식에서 플랫폼은 시청자가 콘텐츠를 끝까지 봤는지를 기준으로 해당 콘텐츠의 질을 판단한다. 따라서 처음부터 끝까지 보게 만드는 것이 중요한데, 그 시작이 바로 훅이다. 훅을 통해 시청자의 심리 상태를 '끝까지 보고 싶은 마음'으로 바꿔야 한다.

훅-스토리-제안 구조는 단순히 온라인 상품 판매에만 국한되지 않는다. 세상의 모든 전달 구조에 적용된다고 봐야 한다. 이 구조에서 가장 중요한 것은 당연히 훅이다. 훅에서 상대방이 관심을 갖게 되어야, 그 이후에 이어지는 스토리가 효과적으로 전달된다.

훅이 성공하면 스토리에 대한 긍정적인 반응이 일어날 확률이 높아진다. 이어지는 제안은 스토리에서 형성된 기대감을 충족시킬 때 비로소 받아들여진다. 이런 구조는 카카오톡 메신저 대화나 실제 대면 대화에서도 마찬가지로 적용된다. 예를 들어 친구에게 본인이 겪은 일을 이야기해 주기 위해 "와, 나 진짜 대박이야. 완전 말도 안 되는 일 있었어."라고 말하며 후킹을 한다. 훅에 반응한 친구가 "뭔데? 무슨 일 있었어?"라고 호응하면 그다음에 이어지는 스토리를 전하게 된다. 후킹을 통해 생긴 기대감이 스토리에서 충족되면 친구는 놀라거나 신기해하거나 공감하며 흥미를 느끼게 된다. 반대로 기대감이 충족되지 않으면 "에이, 뭐야." 같은 반응이 나올 수 있다. 스토리에서 상대방을 매료시킬 수 있을지 여부는 다음 문제고, 일단 스토리까지 상대가 도달하게 만드는 훅이 중요하다.

블로그 글에서는 제목이 훅이다. 제목을 보고 글을 읽고 싶은 마음이 들어야 한다. 본문의 첫 1~3문장도 훅 역할을 한다. 스레드 글도 마찬가지로 첫 1~3문장이 훅이다. 인스타그램 릴스나 유튜브 숏츠는 초반 3초가 훅 역할을 한다. 유튜브 영상의 경우 섬네일과 제목, 그리고 영상 시작 후 0~15초가 훅에 해당한다.

콘텐츠 전체를 보게 만드는 훅은 다양한 방식으로 구성할 수 있지만, 과정을 보여주는 콘텐츠에서 핵심적인 훅은 2가지다. 하나는 '나'가 누구인지 이고, 다른 하나는 '목표'다. 이 두 요소를 함께 사용하는 것이 가장 효과적이다. 예를 들어 '나'는 30대 초반에 회사를 퇴사한 사람이고, 목표는 고깃집을 창업하는 것이라면, "나는 30대 초반에 회사를 퇴사했고, 고깃집을 개업해 보려 한다."라는 말로 훅을 구성할 수 있다.

앞서 나는 과정 공개 콘텐츠는 '나'가 누구인지가 중요하다고 했다. 같은 일을 해도 누가 하느냐에 따라 콘텐츠의 느낌이 완전히 달라진다. 시청자 관점에서 30대 초반의 퇴사자가 고깃집을 개업한다는 주제는 "왜 하필 고깃집인가?", "고깃집을 차리기 위해 회사를 그만둔 것인가?" 등의 다양한 궁금증을 유발한다. 이러한 궁금함은 자연스럽게 이어지는 내용을 더 보고 싶게 만든다. 즉, 훅이 성공적으로 작동한 것이다.

유튜브와 인스타그램에서
적합한 형식을 찾아라

블로그든 인스타그램이든 유튜브든 틱톡이든 SNS 플랫폼들의 공통점이 하나 있다. 사람들이 오랫동안 본인들의 SNS에 머물기를 원한다. 이 목표를 이루기 위한 전략은 SNS마다 차이가 있다. 과정을 보여주는 콘텐츠를 올리기에 좋은 채널은 유튜브와 인스타그램이다. 그래서 이 두 채널의 차이점을 알 필요가 있다.

가장 큰 차이는 '개인 프로필 페이지'의 유무다. 인스타그램에는 원하는 이미지나 짧은 동영상을 올릴 수 있는 개인 프로필 페이지가 있고, 유튜브에는 없다. 정확하게는 유튜브에서는 개인 프로필 페이지가 아닌 채널의 개념이다.

인스타그램은 가볍게 올릴 수 있어 팔로우한 사람끼리 쉽게 소통할 수 있다. 시스템상으로 각 계정이 평등하다. 이에 비해 유튜브는 채널에 구독하는 형태고 채널과 구독자가 시스템상으로 평등하지 않다.

이러한 개인 프로필 페이지의 차이는 곧 '바이럴 구조의 차이'를 만든다. 인스타그램에는 다이렉트 메시지 기능이 있어서 친구에게 해당 콘텐츠의 링크가 바로 보내진다. 친구도 인스타그램 내에서 해당 콘텐츠를 쉽게 볼 수 있다. 반면 유튜브에는 그런 기능이 없다. 유튜브에서는 친구에게 영상을 공유하고 싶을 경우, 링크를 복사해 앱 밖에서 공유해야 한다. 공유 버튼을 누르면 해당 영상 링크를 복사할 수 있는 기능과 카카오톡과 같은 유튜브 외에 앱들이 목록에 뜬다. 유튜브보다 후발 주자인 인스타그램의 의도가 명확하게 드러나는 차이점이다. 인스타그램은 한 사람이 재밌는 콘텐츠를 보면 친구들한테 해당 콘텐츠를 바로 공유하고 더 많은 사람이 인스타그램으로 들어와 시간을 소비하도록 의도하고 있다.

이를 기반으로 '반응도'에 대한 기준에 차이가 발생한다. 유튜브는 섬네일과 제목 클릭률, 영상 시청 시간과 같은 지표에 높은 점수를 준다. 제목 클릭률이 높을수록, 시청 기간이 길수록 좋은 영상으로 판단돼 보다 더 많은 사람에게 해당 영상을 뿌린다.

반면 인스타그램은 '공유'와 '저장'의 비중이 높다. 인스타그램은 저장하거나 친구에게 DM으로 공유하는 행위가 많을수록 좋은 콘텐츠라고 판단한다. 인스타그램의 전파 방식은 마치 입소문과 같다. 따라서 유용한 정보나 나중에 다시 보고 싶은 콘텐츠일수록 더 많이 저장돼 알고리즘에 의해 더 많은 사람에게 보여진다.

그래서 인스타그램은 사용자의 취향을 정교하게 연결하려는 특징도 갖고 있다. 취향이 비슷한 사람들끼리 콘텐츠를 주고받아, 인스타그램 안에 머무는 시간을 늘리려 한다. 내가 만약 맛집 탐방을 주제로 인스타그램 계정을 만들려고 한다면 나 또한 맛집과 관련된 콘텐츠에 관심이 있어야 한다. 인스타그램 알고리즘에 '나는 음식과 맛집에 관심이 많은 유저야.'라고 인식시켜야 하는 것이다. 방법은 간단하다. 관심 있는 주제의 다른 사용자 콘텐츠에는 '관심 있음'을 누르고, 상관없는 주제의 콘텐츠에는 '관심 없음'을 누르는 것이다. 이 과정을 통해 내 계정의 주제를 명확히 인식시킬 수 있다.

위 이미지는 인스타그램의 릴스 화면이다. 오른쪽 하단에 하트, 말풍선, 종이비행기 아래에 흰색 점이 3개 있다. 이 흰색 점 3개를 누르면 작은 창이 열리는데 '관심 있음'과 '관심 없음'이라는 기능이 보일 것이다. 해당 콘텐츠가 내 주제와 비슷하면 '관심 있음'을 누르고, 관련이 없다면 '관심 없음'을 눌러야 한다. 이렇게 하면 인스타그램이 내 계정의 관심사를 학습하고, 비슷한 콘텐츠를 보여주며, 내가 올리는 콘텐츠를 해당 주제에 관심 있는 사용자에게 노출해 준다. 이 작업은 최소 한

달에 한 번은 반드시 해야 한다. 나는 이 작업을 주 2~3회 꾸준히 하고 있다.

 이제 유튜브를 살펴보자. 유튜브에서 반응도 지표로 가장 중요하게 여기는 것은 '노출 클릭률'과 '시청 지속 시간'이다. 노출 클릭률은 영상이 노출됐을 때 얼마나 많은 사람이 클릭했는지를 의미하며, 섬네일과 제목이 중요한 이유가 여기에 있다. 이 요소들을 보고 영상을 클릭하는지 여부에 따라 점수가 부여된다. 당연히 클릭률이 높을수록 좋다. 시청 지속 시간은 해당 영상을 얼마나 오래 시청했는지를 말한다. 시청 시간이 긴 영상일수록 높은 점수를 얻는다.

 유튜브든 인스타그램이든 플랫폼이 원하는 것은 사용자가 해당 플랫폼을 떠나지 않고 오래 체류하는 것임을 잊지 말아야 한다. 그래서 시청 지속 시간이 긴 영상일수록 높은 점수가 부여된다.

 여기서 중요한 것은 시청 지속 시간의 절댓값이다. 예를 들어, 5분짜리 영상의 평균 시청 시간이 4분인 A 영상이 있고, 10분짜리 영상의 평균 시청 시간이 6분인 B 영상이 있다고 해 보겠다. 전체 길이 중 어느 정도를 봤는지 비율로 계산하면 A 영상은 5분 중 4분을 봤기 때문에 80%를 시청한 것이다. B 영상은 10분 중 6분으로 60%를 시청한 것이다. A 영상이 80% 영상으로 인기가 더 많은 것 같지만, 실제로는 시청 시간 절댓값이 더 긴 B 영상이 더 좋은 평가를 받는다(물론 좋은 영상을 판단하는 기준은 여러 가지가 있기 때문에 다른 변수에 의해 A 영상이 더 좋은 영상으로 판단될 수도 있다).

또한 유튜브는 DM 기능이 없고 인스타그램은 DM 기능이 있어 비즈니스 연계 방식에도 차이가 생긴다. 인스타그램은 DM 기능을 통해 비즈니스 연결이 많이 일어난다. 인스타그램 외부에서 사용 가능한 '매니챗'과 '소셜비즈'라는 툴이 있는데, 이 툴은 댓글을 단 사용자에게 자동으로 DM을 보내주는 기능을 제공한다. 인스타그램에서는 콘텐츠 본문이나 댓글에 링크를 넣을 수 없기 때문에, 댓글을 단 사용자에게 DM으로 외부 링크를 전달하는 방식을 활용한다. 그러면 이 DM으로 판매하고자 하는 상품이나 서비스 구매 링크를 보낼 수 있다.

또 다른 방식은 인스타그램 프로필에 링크를 넣는 것이다. 인스타그램은 프로필에 외부 링크 삽입을 지원한다. 콘텐츠를 본 사용자가 계정을 클릭하고 프로필에 접근했을 때, 그곳에 비즈니스 링크가 있으면 자연스럽게 클릭을 유도할 수 있다.

반면 유튜브는 다이렉트 메시지 기능이 없기 때문에, 비즈니스 연계는 주로 롱폼 영상에서 이루어진다. 롱폼 영상의 고정 댓글이나 본문에 상품 관련 링크를 삽입하는 방식이다. 유튜브 채널 소개란에도 링크를 넣을 수 있지만 인스타그램보다 접근성이 떨어진다. 직관적으로 쉽게 발견할 수 있는 구조가 아니기 때문이다. 유튜브 숏츠 또한 댓글에 링크를 삽입할 수 없기 때문에 롱폼 영상 중심의 비즈니스 전환이 일반적이다.

영상 길이에 따라서 신뢰도도 차이가 난다. 인스타그램 릴스나 유튜브 숏츠같이 1분 미만의 숏폼 영상은 분량이 길지 않기 때문에 영상 하나만으로 시청자나 소비자와의 큰 신뢰를 쌓기가 어렵다. 그래서 지속적인 콘텐츠 발행을 통해 신뢰를 쌓아야 한다. 반면 유튜브는 롱폼 영상 하나로도 높은 신뢰를 형성할 수 있다.

어떤 플랫폼이 더 적합할지는 사람마다 다르다. 가장 좋은 방법은 유튜브와 인스타그램 모두를 활용하는 것이다. 같은 숏폼이라도 유튜브 숏츠에서 조회수가 1만을 넘는 경우가 있고, 인스타그램 릴스에서는 1000 이하에 머무는 경우도 있었다. 그래서 과정을 보여주는 콘텐츠를 처음 시도할 경우, 하나의 콘텐츠를 양쪽 플랫폼에 모두 올려보고 반응을 확인해 보는 것이 좋다. 이후 반응이 더 좋은 플랫폼에 집중하면 된다.

공감으로 연결하고,
관계를 쌓아 팬심을 만들어라

　지금부터는 시청자들이 큰 공감을 하고 이를 바탕으로 관계와 신뢰를 쌓아 팬덤을 형성할 수 있는 콘텐츠 발행 전략을 소개해 보겠다. 다음의 순서로 콘텐츠를 발행하라.

첫 번째 전략: 솔직함을 기반으로 꾸준함과 일관성을 갖춰라
　과정을 보여주는 콘텐츠는 조회수가 많이 나오지 않아도 된다. 그저 꾸준함과 일관성만 보이면 나와 결이 맞는 사람들이 모이기 마련이다. 꾸준함과 일관성이 발휘되려면 사명을 기반으로 해야 한다. 본인만의 확고한 사명을 세우는 건 생각보다 굉장히 중요하다. 뚜렷한 사명 없이 '과정을 보여주는 콘텐츠를 사람들이 좋아한다더라', '조회수가 잘 나온다', '팔로

워나 구독자가 잘 늘어난다'라는 생각으로 한다면 틀림없이 한계가 올 것이다. 이럴 경우, 지속하지 못하고 콘텐츠에도 진정성이 떨어진다. 이렇게 일관성과 꾸준함을 잃으면 팔로워, 구독자, 팬들의 '나'에 대한 신뢰도 또한 사라진다.

사명을 기반으로 내가 이 콘텐츠를 왜 하려고 하는지 그 이유가 분명해야 한다. '조회수가 잘 나온다고 하니까', '돈을 벌 수 있으니까'라는 건 이유가 될 수 없다. 수익은 수단일 뿐 목적이 아니기 때문이다. 조회수가 왜 잘 나왔으면 하는지, 왜 돈을 벌고 싶은지 그 밑에 숨겨져 있는 감정과 욕구를 드러내야 한다. 그래야 순수한 열정으로 지속할 수 있다. 그리고 그 순수한 열정은 다른 사람에게 가치를 주고자 하는 마음에서 비롯된다.

내가 겪은 결과의 과정을 보여주는 것은 사람들의 문제를 해결하고 세상의 문제를 해결하는 일이다. 예를 들어 카페를 창업하는 과정을 보여주는 콘텐츠를 만든다고 가정할 때, 그 이유는 다른 사람들의 시행착오를 줄여주는 데 있다. 내가 겪은 실수를 통해 카페 창업을 할 때 주의해야 할 것을 알려주며 어떻게 하면 나와 같은 실수를 줄이고 안전하게 창업할 수 있는지 사람들에게 정보를 주기 위함이다. 이것이 다른 사람의 문제와 세상의 문제를 해결하는 것이다. 이렇게 이미 앞서 실행한 사람에게 컨설팅을 받는다면, 아무 지식 없이 카페 창업을 하며 잃게 되는 시간과 비용을 아낄 수 있게 되고, 세상에는 더욱더 좋은 카페가 생기게 된다.

두 번째 전략: 질문에 대한 답을 콘텐츠로 만들어라

과정을 콘텐츠로 보여주다 보면 시청자들이 댓글로 질문을 한다. 그러면 그 질문에 대한 답을 다음 동영상 콘텐츠에서 알려주는 것이 두 번째 전략이다. 역시 이번에도 카페 창업을 예로 들어보겠다. 먼저 시작은 카페 자리를 알아보는 것이다. 이 콘텐츠를 본 사람들은 이런 질문을 할 수 있다. '카페 공간 찾은 팁을 알려주세요.', '공간을 계약하는 데 얼마 정도 드셨어요?' 등등. 이런 질문에 대한 답을 다음 콘텐츠에서 알려주는 것이다. 사람들이 원하는 유용한 정보를 제공했기에 내 콘텐츠에 대한 팬심은 더 강해진다. 이처럼 과정을 보여주다 보면 수많은 질문이 생길 텐데, 그때마다 답변을 해 주며 계속 유용한 정보를 전달하는 것이 핵심이다.

여기서 한 단계 더 나아갈 수 있다. 인스타그램에서 유용하며 내가 자주 사용하는 방법이다. 사람들에게 도움이 되는 정보를 콘텐츠에 정리해서 담는 것이다. 이 정보를 봤을 때 시청자 관점에서 저장하고 싶은 마음이 들도록 핵심 내용을 전달한다. 인스타그램은 '조회수', '좋아요'보다 공유 및 저장 개수에 대해 더 높은 점수를 부여하고 노출한다는 본사의 공식적인 입장이 있다.

인스타그램에는 정보를 펼쳐서 보기 쉽게 되어 있으며 유튜브에 비해 본문 읽기도 편하다. 그렇기 때문에 콘텐츠에 유용한 정보를 담는다면 시청자들의 신뢰가 올라가서 팬심도 높아지고 저장 빈도도 높아져 내 콘텐츠가 알고리즘을 타고 보다 더 많은 사람에게 전달된다.

인스타그램에 올린 릴스를 예로 설명해 보겠다. 내 릴스 중에는 반년 전에 올렸음에도 아직도 꾸준히 조회수가 나오고 있는 콘텐츠가 있다. 이 릴스는 삼성역 인근에 있는 '구글 스타트업 캠퍼스'라는 장소에 대한 내용인데, 이는 구글에서 만든 공간으로 누구나 무료로 이용할 수 있는 공유 오피스이다. 이 릴스의 본문에는 이 공간의 운영 시간, 운영 방법, 어떤 시설들이 있는지 등등을 적어뒀고, 사람들의 입소문으로 많이 저장하면서 계속 조회수가 오르고 있다.

세 번째 전략: 전자책으로 시청자들에게 필요한 가치를 무료로 주어라

이는 인스타그램의 콘텐츠 본문에 정보를 적는 것과는 또 다르다. 본문에 올린 정보는 저장해놓고 언제든 꺼내서 볼 수 있는, 당장 안 본다고 큰일 나는 게 아닌 가볍고 캐주얼한 내용들이다. 그러나 전자책에는 좀 더 무게가 있고 안 보면 손해인 중요한 내용을 담는다. 편하게 보는 것이 아닌 강의를 듣는 것처럼 집중해서 학습해야 하는, 조금 깊이 있는 내용이 적합하다.

나는 '세일즈'라는 개념에 대해 공부하면서 깨달은 점을 바탕으로 단기적인 수익을 낸 경험이 있다. 그래서 '세일즈'에 대해서 깨달은 내용, 어떻게 단기적 수익을 올렸는지에 관련된 내용을 정리해서 사람들에게 무료로 나눠주었다. 단, 사람은 심리적으로 무료로 정보를 제공받으면 아무리 높은 가치의 것이라도 마치 어디서나 얻을 수 있는 흔한 것으로 느끼는 경향이 있다. 그래서 비용을 안 받더라도 무언가 대가를 받아야 한다. 그 대가는 바로 고객의 DB다. 'DB'란 고객의 이름과 이메일 주소, 핸드폰 번호 등 고객의 정보를 말한다. 이때 '성함과 메일 주소를 적으면 메일로 자료를 보내드립니다'와 같은 안내 문구를 적는다. 이때 개인정보 활용 동의를 반드시 받아야 한다. 그렇게 고객 DB를 받아서 추후에 마케팅으로 활용하는 것이다.

인스타그램에서는 댓글이나 본문에 링크 삽입이 안 되기 때문에 고객 DB를 받아서 자료를 제공하려면 인스타그램 이외의 페이지를 활용해야 한다. 인스타그램 프로필에 링크를 넣어서 그 링크를 클릭하도록 안내할 수도 있지만, 사용자 관점에서는 번거로운 일이다. 그래서 보통은 자동 DM 프로그램을 활용한다. 외국에서 만든 '매니챗'이라는 사이트가 있고, 국내에서 만든 '소셜비즈'라는 사이트가 있다. 둘 다 메타에 공식적으로 허락을 받아 만든 자동 DM 프로그램이다. 둘 다 써 봤지만, 현재는 소셜비즈만 사용하고 있다. 국내에서 만들어 한글로 되어 있다는 점과 매니챗에 비해 가격이 저렴하다는 장점이 있다.

이 프로그램으로 설정하면 인스타그램 콘텐츠에 시청자가

댓글을 작성했을 때, 자동으로 DM이 발송된다. DM의 내용은 내가 원하는 대로 설정할 수 있다. 이 DM에 외부 링크를 넣을 수 있고, DM을 보낼 때 단어도 설정할 수 있다. 팔로우한 사람한테만 자동으로 DM이 발송되도록 설정도 할 수 있다. 그래서 인스타그램 콘텐츠에 '댓글에 ○○라고 달아주시면 DM으로 해당 자료를 보내드립니다'와 같이 안내 문구를 추가하면 된다.

  나의 경우를 소개해 보겠다. 나는 남들이 하기 어려운 것들을 실제로 실행으로 옮기고 그 과정을 보여주었다. 먼저 어떻게 실행을 잘하게 되었는지에 대한 내용을 전자책으로 정리한 뒤 릴스로 '실행을 잘하는 법에 관한 전자책을 무료로 제공한다'라는 내용을 담았고, 자료를 제공받고 싶은 사람은 댓글을 달아달라고 요청했다. 그리고 소셜비즈로 댓글을 단 사람에게 자동으로 DM이 발송되도록 설정했다. DM 내용에는 전자책을 신청할 수 있는 구글 폼 링크를 넣었고, 이름과 이메일 주소를 입력하면 해당 메일로 전자책을 보내주었다. 구글 폼으로 DB를 확보한 것이다.

네 번째 전략: '헉 이걸 다 준다고?'라는 말이 나오게 만들어라

마지막 전략은 세 번째 전략에서 확장된 심화 방법이다. 매니챗이나 소셜비즈를 통해 자동으로 DM을 보내서 자료를 나눠주는 것까지는 동일하다. 이때, 이 자료의 내용을 방대하게 준비한다. 이 엄청난 양의 자료를 5개 정도로 나누어 메일로 하루에 1개씩 전송하는 것이다. 전자책으로 치면 150페이지 정도의 분량을 5개로 나눈 다음 하루에 하나씩 보내준다. 물론 그 이상을 주어도 된다. 양이 많을수록 좋다. 받아본 사람의 입장에서 '와~ 이런 내용을 그냥 무료로 준다고?'라는 말이 나올 정도여야 한다.

이 전략은 러셀 브런슨의 저서 『마케팅 설계자』에 나오는 이메일 시퀀스 방식으로, 연속해서 이메일을 보내면서 고객의 관점에서 '나'라는 사람과의 관계가 깊어지는 것을 느끼고 신뢰가 쌓이게 하여 상품을 구매하도록 만드는 방식이다.

이 방식을 응용하여 무료 자료를 나눠주는 방식을 접목한 것이다.

나는 처음 '실행 잘하는 법'에 대한 전자책을 한 권으로 제공하다가 최근에는 5개를 5일에 걸쳐 전송했다. 그러자 그전과 확연히 다른 반응을 체감했다. 이전에 무료로 배포했을 때에는 "이런 자료를 나눠줘서 너무 감사하다."라는 코멘트를 받은 적이 없었다. 그런데 5일에 걸쳐 자료를 제공하자 감사하다는 코멘트를 무척 많이 받았다. 자료를 보낼 때 메일의 내용에는 개인적으로 겪은 일들을 담았다. 어떻게 해서 지금의 사업을 하게 되었는지, 사업하기 전에는 어떤 일을 했었는지 과거의 이야기를 풀었다.

한 번에 다 보내지 않고 5개로 나누어서 보내는 것에는 몇 가지 이유가 있다. 온라인으로 무료로 받아보는 자료는 한 번에 다 주면 끝까지 보기가 부담스러워 중도에 포기할 확률이 높다. 그래서 하루에 1개의 파트씩만 보내 부담을 줄였다. 또 5일에 걸쳐서 매일 매일 내 자료를 봄으로써 '나'와의 상호작용을 하게 했다. 하루에 조금씩이라도 나와의 신뢰를 쌓는 것이다.

이 전략에는 자동화 시스템이 필요하다. 콘텐츠를 통해 신청자가 계속 생길 테니 DB는 계속 쌓일 것이고, 그때마다 매번 메일을 일일이 보내야 하는 문제가 있다. 그래서 신청을 해서 DB가 쌓이면 메일이 자동으로 발송되도록 자동화 시스템을 갖추어야 한다. 이름과 메일을 입력하면 설정해 둔 메일이 자동으로 5일 동안 발송되게끔 할 수 있는 프로그램이 있다.

내가 직접 사용해 본 해외 사이트 중에 '카자비'를 소개한다. 랜딩 페이지를 별도로 만들 수 있고, 그 랜딩 페이지에 양식을 제출할 수 있는 폼을 넣을 수 있다. 이름과 메일 주소를 폼에 입력하면 자동으로 메일이 5일 동안 하루에 하나씩 발송되도록 설정이 가능하다.

우리나라에도 '깨루'라는 사이트가 있다. 이는 카자비처럼 랜딩 페이지, 폼, 메일 자동 전송을 모두 설정할 수 있다. 이 외에도 자피어, 컨버트Kit, MAKE 등 다양한 자동화 툴이 존재한다. 나는 현재 자피어와 컨버트Kit를 구글 폼에 연동하여 사용하고 있다.

사용 절차는 다음과 같다.

인스타그램 콘텐츠에 댓글 작성

↓

소셜비즈를 이용해 구글 폼 링크가 포함된 DM 자동 발송

↓

구글 폼 제출

↓

DB 입력 후 설정해 둔 메일로 자동 발송

↓

다음 날부터 하루에 하나씩 총 5개의 메일 발송

'호혜성의 원리'라는 심리 법칙이 있다. 사람은 자신에게 먼저 무언가를 베푼 사람에게 마음을 열게 된다는 원리다. 베풀어주는 것에는 당연히 그만큼 가치가 있는 물건이나 정보가 해당된다. 콘텐츠를 통해 과정을 보여주며, 과정 중에 깨달은 유용한 정보를 전달한다면 호혜성의 원리에 의해 시청자가 '나'에 대해 마음을 열게 되고 관계가 두터워지고 신뢰가 쌓이게 된다. 그런 다음 상품이나 서비스를 판매한다면 어렵지 않게 수익을 낼 수 있다.

5장

과정 공개 콘텐츠 제작법은 따로 있다

○
기록을 위한 도구를 준비하고, 활용하라

노션

동영상 콘텐츠는 기획이 정말 중요하다. 처음부터 전체적인 그림을 명확하게 그린 다음 제작에 들어가야 한다. 롱폼이든 숏폼이든 가장 중요한 건 대본이다. 아무 말이 아닌 철저히 기획된 말을 해야 한다. 특히 숏폼의 경우 1분 미만의 영상이라 대본이 없어도 된다고 생각하는 분들이 있다. 하지만 오히려 짧은 영상이기에 잘 짜인 구성으로 정보를 잘 압축해서 전달해야 한다. 이때 내레이션을 넣어 말로 설명을 해 주는 것을 권장한다.

나는 동영상 콘텐츠의 모든 대본은 노션에 적는다. 노션은 적어둔 내용을 분류하고 찾기 쉬운 직관적인 구조를 갖고 있다. 대본을 한곳에 모아둘 필요가 있는데, 그 이유는 대본도 일종의 글쓰기이며, 글쓰기는 쓰는 것에만 그치지 않고 시간이 지난 후에 다시 읽어보는 과정이 중요하기 때문이다. 이런 과정을 통해 논리 구조가 발달하며 글쓰기 실력이 지속적으로 향상된다. 글쓰기 실력 향상은 더욱더 좋은 대본을 작성할 수 있는 능력으로 이어진다.

과정을 보여주는 콘텐츠는 그 특성상 핵심을 압축해서 보여주어야 한다. 내레이션으로 과정의 내용을 전달하기 위한 대본을 잘 압축해 작성하려면 논리 구조가 탄탄해야 하고, 이를 위해 노션에 계속 기록해 두고 반복해서 보는 것이 유용하다. 과정을 보여주는 콘텐츠는 여러 에피소드로 이루어지는데, 이전의 과정을 어떻게 보여줬는지 노션에 대본이 적혀 있으므로 쉽게 파악할 수 있다. 동영상으로 제작한 이전 에피소드의 콘텐츠를 보는 것도 좋지만, 동영상이나 이미지를 같이 보게 되어 정보가 분산된다. 그렇기 때문에 노션에 대본들을 기록해 두는 것이 좋다.

구글 드라이브

유튜브 숏츠나 인스타그램 릴스의 경우 PC보다 모바일에서 업로드하는 것에 최적화되어 있다. 그래서 PC로 편집을 하고 모바일로 동영상을 옮긴 후 업로드해야 한다. 이 과정에서 PC 카카오톡의 '나와의 채팅' 기능을 이용해 동영상을 모바일로 전송하는 경우들이 있다. 결론적으로 이 방법은 적절하지 않다. 카카오톡은 전송 시 용량을 낮추기 위해 동영상을 자동으로 압축하며, 이로 인해 화질이 저하된다. 화질이 낮은 동영상은 시청자가 1초만 봐도 그 품질을 인지하고 이탈할 수 있다. 인스타그램이나 유튜브 숏츠 자체 시스템에서도 화질이 낮은 동영상은 사람들에게 노출되는 정도를 낮춘다는 공식적인 입장도 있다.

그래서 클라우드나 구글 드라이브를 사용하는 것이 좋다. PC에서 구글 드라이브에 동영상을 업로드한 뒤, 모바일로 구글 드라이브에 접속해 다운로드하면 화질이 저하되지 않는다. 구글 드라이브는 모바일 업로드를 위한 전송 외에도 콘텐츠 제작을 위해 촬영해 둔 동영상 소스를 저장하는 데에도 유용하다. 외장 하드나 PC 용량을 아낄 수 있고, 어떤 동영상을 꺼내 쓸지 바로 선택할 수 있다. 구글 드라이브 내의 폴더에서 파일을 섬네일 형식으로 확인하면 동영상의 내용을 쉽게 파악할 수 있다.

구글 드라이브는 기본적으로 15GB를 무료로 제공하며, 추가 용량은 유료 구독제를 통해 저렴하게 사용할 수 있다. 현재 200GB는 월 3,700원, 2TB는 월 11,900원 수준이다. 외장 하드는 매번 휴대해야 하며 외부 충격에 약해 자료 손실 위험이 있지만, 구글 드라이브는 서버 기반이라 용량 부담 없이 자료도 안전하게 보관할 수 있다. 나는 지금까지 외장 하드를 3개 정도 구입해서 사용해 봤는데 다 내구성이 약해서 쓸 수 없는 상태가 되었다. 다행히 중요한 파일은 없었는데, 한번은 외장 하드를 복구하기 위해 업체에 찾아가니 예상보다 많은 비용을 지불해야 했다. 이 경험 이후로 외장 하드가 아닌 구글 드라이브를 사용한다.

촬영 장비

동영상 콘텐츠를 처음 만들어 보는 사람들에게 가장 큰 장벽 중 하나가 장비다. 그중에서도 촬영 장비에 큰 비용이 들어갈 것이라고 생각한다. 또는 완벽주의가 발동하여 시작부터 좋은 촬영 장비를 구비하려는 경향이 있다. 물론 장비는 가격이 높을수록 성능이 좋은 경우가 많지만, 처음부터 고가의 장비를 사용할 필요는 없다. 비전문가의 경우 고가의 장비를 구비해도 그 기능을 충분히 활용하지 못한다.

카메라의 경우 새로 구입하지 않아도 된다. 요즘 스마트폰 카메라의 성능으로도 충분하다. 물론 전용 카메라를 사용하면 영상의 색감이나 분위기가 더 좋아질 수 있지만, 촬영에 익숙해지기 전까지는 굳이 필요 없다. 스마트폰으로 계속 촬영해 보면서 업로드할 동영상의 퀄리티를 높여야 하는 시점이 왔을 때 좋은 카메라를 구입하는 것이 좋다.

카메라보다 절실한 장비는 삼각대다. 본인을 촬영해야 할 경우, 매번 다른 사람에게 부탁할 수는 없다. 그래서 셀프 촬영 시 삼각대가 필요하다. 하지만 일반 삼각대는 크고 무거워서 휴대가 어렵다. 이런 문제를 해결해 주는 장비가 셀카봉 겸 삼각대다. 최대한으로 접었을 때 한 손에 들릴 만큼 작아 휴대성이 좋다. 셀루미의 AT120S 모델이나 최근에 나온 SEL-GT1550M 모델이 이에 해당한다. 이 장비는 블루투스 리모컨도 함께 제공되어, 스마트폰과 연동해 원거리에서도 촬영을 시작하거나 멈출 수 있다.

다음으로 반드시 필요한 것은 마이크다. 과정을 보여주는 콘텐츠에는 화자의 느낌과 판단이 담겨야 하므로 내레이션이 필수다. 스마트폰의 내장 녹음 기능도 있지만, 외부 잡음이 많이 섞이고 음질이 좋지 않다. 그러니 별도로 마이크를 구비하는 것이 좋다. '핀 마이크'라고 검색하면 다양한 제품이 나온다. 다이소의 저렴한 제품부터 쿠팡에서 판매하는 5~10만 원대 제품도 있고, 20~30만 원을 넘는 고가 제품도 있다. 처음에는 5만 원 전후의 마이크로도 충분하다. 핀 마이크는 수신기와 마이크로 구성되어 있다. 수신기를 카메라에 꽂고 동영상을 촬영하면 핀 마이크에 녹화된다. 별도의 마이크로 목소리를 따로 녹음하는 것이다. 화질 못지않게 음질도 동영상 콘텐츠를 시청할 때의 집중도에 큰 영향을 준다.

이외 조명은 필수 장비는 아니다. 나는 롱폼 영상을 촬영할 때 말고는 조명을 잘 사용하지 않는다. 숏폼 영상의 경우 자연광으로 촬영하는 것이 미적으로 충분히 좋다. 그래도 조명을 사용해 보고 싶다면 '룩스패드' 조명을 추천한다.

○

빛, 각도, 이야기로
감각적인 영상을 만들어라

　숏폼 영상은 지루함을 느끼지 않도록 만드는 것이 중요하다. 내용 자체가 흥미로워서 지루함을 유발하지 않는 방식도 있지만, 편집을 통해 시각적으로 지루함을 느끼지 않게 하는 방식도 필요하다. 이 방법은 화면 전환을 자주 하는 것이다. 이를 위해 3초에서 4초마다 다른 장면을 삽입한다. 숏폼 영상은 1분 미만의 영상이 주를 이루지만, 보통은 35초에서 45초 정도의 길이로 구성된다. 따라서 최소 12개의 장면이 필요하다. 이렇게 사용할 영상들을 평소에 꾸준히 촬영해 두는 것이 중요하다. 실제로 어떤 과정을 수행하고 있을 때 옆에 삼각대와 카메라를 세워두고 수시로 촬영해 두어야 한다. 이때 다양한 각도에서 촬영하면 좋다. 예를 들어, 노트북으로 카페에서 작업할 경우 오른쪽 앞에서 한 번, 왼쪽 앞에서 한 번 촬영한다. 길게 촬영할 필요는 없으며, 3~4초 정도 사용할 것이기 때문에 30초에서 길어도 1분, 2분 정도만 찍으면 충분하다. 촬영 시 유의할 점은 피사체를 화면 중앙이나 중앙보다 약간 위에 두는 것이다. 유튜브 숏츠나 인스타그램 릴스를 보면 화면 하단과 오른쪽 하단에 영상 위로 겹쳐지는 요소들이 있다.

위 이미지는 인스타그램 릴스의 화면이다. 화면 하단에는 프로필 사진과 아이디 등이 화면을 가리고 있으며, 오른쪽 하

단에는 좋아요, 댓글, 공유 버튼들이 화면을 가린다. 이처럼 가려지는 부분에 피사체가 있으면 영상을 보는 관점에서 불편함을 느끼게 되고, 이 작은 불편함은 동영상 시청을 이탈하게 만드는 요인이 된다. 화면의 하단이 잘리기 때문에 피사체가 영상에서 중앙에 있으면 살짝 아래에 있는 느낌을 주게 되고, 시선의 높이가 낮아지므로 피사체를 화면 중앙보다 살짝 위에 두는 것이 좋다. 만약 피사체를 멀리서 작게 담는다면 중앙에 배치해도 무방하다.

또한 타임랩스로 촬영하는 것도 좋은 방법이다. '타임랩스'란 축약해서 빠르게 담는 기능으로, 20분 정도를 촬영하면 6배속으로 약 30초 분량의 영상으로 녹화된다. 이로 인해 분주하게 빠르게 움직이는 영상이 만들어지는데, 과정을 보여주는 콘텐츠에서는 이런 영상을 소스로 넣으면 열심히 무언가를 하는 인상을 줄 수 있다.

전체적으로 촬영할 때는 카메라를 피사체보다 50~60cm 정도 떨어진 위치에서 촬영하는 것이 좋다. 피사체와 카메라가 가까울수록 화면에 크게 담기며, 의도적으로 크게 담을 때가 아니라면 일정 거리를 두고 촬영한 영상 소스가 필요하다.

과정을 보여주는 콘텐츠에서 계속해서 강조되는 것은 바로 '나'가 누구인지에 대한 것이다. 똑같은 카테고리, 주제라고 하더라도 '나'가 누구인지에 따라 완전히 다른 콘텐츠가 된다. 그러니 '나'를 잘 드러내기만 하면 된다. 예를 들어 대학생 신분으로 콘텐츠를 제작하고 있을 때 이미 같은 주제를 다루는 다른 대학생이 있더라도 문제가 되지 않는다. 사람마다 환경과 사고방식이 다르기 때문에 같은 주제여도 전혀 다른 콘텐츠가 된다.

동영상 콘텐츠에서 '나'라는 존재를 드러내는 데 있어서 생각보다 중요한 요소는 바로 의상과 배경이다. 영상에서 보이는 배경과 입고 있는 옷에 따라 시청자에게 전달되는 느낌이 달라진다. 예를 들어 약사가 약에 대한 정보를 전달할 때, 운동복 차림에 집 안을 배경으로 하는 것보다는 약사 가운을 입고 약이 진열된 배경에서 정보를 전달하는 것이 더 효과적이다. 대부분의 사람은 상대가 입고 있는 옷을 통해 그 사람의 정체를 파악하는 습성이 있기 때문이다. 의상과 배경이 훅으로서의 기능을 하는 것이다.

미국의 한 심리학 교수가 이런 실험을 진행한 적이 있다. 공중전화 동전 반환구에 미리 동전을 넣어두고, A 그룹은 말끔한 정장 차림, B 그룹은 허름한 옷차림으로 준비시킨다. 공중전화를 사용한 사람이 동전을 가져가면, 실험 참가자들이 다가가 "거기 제 동전이 있었을 텐데 혹시 못 보셨나요?"라고 묻는다. 이 실험을 200명에게 실시한 결과, 말끔한 정장 차림을 한 A 그룹이 B 그룹보다 두 배 더 많은 동전을 돌려받았다. 사람들은 말끔하게 입은 사람의 말을 더 귀 기울여 듣고, 더 존중했다. 이처럼 입고 있는 옷은 그 사람을 대변하는 중요한 요소다.

동영상 콘텐츠는 '나'라는 사람에 대해 실제로 잘 모르는 불특정 다수에게 보이는 매체다. 이들과는 상호작용을 통해 친해질 수 없는 구조이기 때문에 일방적으로 영상에서 드러나는 모습으로만 판단하게 된다. 그래서 짧은 시간 안에 '나'가 누구인지 잘 전달해야 하며, 그 방법의 하나가 바로 의상과 배경이다. 그렇다고 화려한 의상이나 멋진 배경이 필요한 것은 아니다. '나'라는 사람을 잘 드러내는 데 어울리는 의상과 배경이 필요할 뿐이다. 예를 들어 요리하는 사람이라면 요리사로서의 복장과 주방을 배경으로 촬영하는 것이 좋고, 요가를 하는 사람이라면 요가복에 요가 매트를 깔고 정갈한 공간에서 촬영하는 것이 좋다. 따라서 과정을 담을 때에도 이러한 점을 유의하며 촬영하는 것이 바람직하다.

편집으로 메시지를 강화하고, 쉽게 전하라

편집 프로그램으로는 캡컷, 프리미어 프로, 파이널컷을 많이 사용한다. 파이널컷은 맥북과의 호환성이 좋다. 캡컷은 숏폼 편집에 적합하고, 프리미어 프로는 롱폼과 숏폼 모두에 편리하다. 캡컷은 모바일 앱으로도 나와 있어서 모바일 편집이 가능하지만, 간단한 편집에 적합할 뿐이다. 디테일한 편집도 가능하지만, 모바일 환경에서는 기능이나 조작 버튼들이 불편하고, 결과적으로 PC보다 시간이 훨씬 더 많이 든다. 과정을 보여주는 콘텐츠는 내레이션 삽입 등 디테일한 편집이 필요하므로 PC 편집을 권장한다. 캡컷은 무료지만 유료 버전에서만 제공되는 기능들이 있다. 프리미어 프로는 유료다.

처음에는 무료 동영상 편집 프로그램으로 시작해도 무방하다. 예를 들어 뱁믹스, 곰믹스, VREW 등 무료 프로그램들이 많다. 다만 경험상 프리미어 프로로 편집했을 때 전체적으로 세련된 느낌이 나기 때문에 현재 나는 이 프로그램을 사용하고 있다.

편집 순서는 내레이션을 녹음한 음성 파일을 먼저 프로그램에 불러오는 것부터 시작한다. 녹음한 내용 중 불필요한 문장이나 문장 사이의 쉬는 구간을 삭제한다. 그래야 내레이션의 문장과 문장 사이가 바로 이어진다. 숏폼 콘텐츠에서는 지루함을 유발하지 않는 것이 중요하다. 말과 말 사이의 공백을 없애면 리듬감이 생기고 지루한 느낌이 없어진다. 이는 3~4초마다 장면 전환을 하는 것과 같은 효과다. 내레이션을 편집할 때는 문장 위치를 바꾸는 것도 좋은 방법이다. 꼭 녹음한 순서대로 내레이션 문장이 나올 필요는 없다. 뒤에 있는 문장을 앞으로 옮기고 앞에 있는 문장은 뒤로 옮기면 더 흡입력 있는 콘텐츠가 되기도 한다.

내레이션 편집이 끝났다면, 영상 소스를 삽입한다. 3~4초마다 다른 장면을 넣어주어야 시청자 입장에서 지루함을 느끼지 않는다. 문장 길이나 말하는 속도에 따라 다르겠지만 한 장면에 내레이션 1~2문장 정도다. 과정을 촬영하며 수집한 영상들을 활용해 내레이션에 맞게 배치한다. 내레이션과 영상이 모두 배치되면 자막을 넣어야 한다. 영상 콘텐츠 제작 초반에는 내레이션으로 소리가 들리기 때문에 자막이 필요 없다고 생각하기 쉽지만, 자막은 반드시 필요하다. 숏폼 콘텐츠는 무음 상태로 시청하는 경우가 많고, 짧고 빠르게 전개되기 때문에 내용 전달이 어려울 수 있다. 따라서 시각적으로도 내용을 보완할 수 있는 자막이 중요하다. 프리미어 프로나 캡컷에는 AI 자막 자동 생성 기능이 있으나 완벽하지 않은 면이 있다. AI가 자동으로 자막을 생성해 주면 꼭 수동으로 확인하고 수정 작업을 거쳐야 한다.

자막 편집까지 마쳤다면, 영상 전체를 처음부터 끝까지 재생해 봐야 한다. 영상 제작 초보자는 편집을 마치고도 전체 재생을 하지 않는 경향이 있다. 처음 제작한 영상이라 어색하고 민망한 기분이 들 수 있지만, 편집 중 놓친 부분이나 흐름상 더하거나 빼야 할 부분이 발견될 수 있으므로 반드시 전체 재생이 필요하다.

프리미어 프로, 캡컷 같은 편집 프로그램을 처음 사용할 때는 모르는 기능들이 많을 것이다. 이럴 땐 유튜브 검색이 유용하다. 기초적인 편집 방법은 유튜브에 거의 다 올라와 있다. 처음에는 어렵지만 하나씩 배우다 보면 점점 익숙해진다.

영상 콘텐츠 제작 능력은 시간이 흐를수록 더욱 필요해질 것이다. 과거에는 일부 재능있는 사람들만 크리에이터가 되었지만, 이제는 누구나 크리에이터가 될 수 있는 시대다. 영상을 제작해 올리는 사람이면 누구든 크리에이터라 할 수 있다. 심지어 크리에이터가 되고 싶지 않아도, 시대가 그렇게 요구하는 방향으로 흘러가고 있다. 따라서 영상 편집 기술은 본업이든 부업이든 수익으로 이어질 기회를 제공하니 꼭 갖추면 좋은 능력이다.

섬네일, 제목, 카피로
사람들을 끌어들여라

　유튜브 롱폼 영상은 섬네일과 제목을 보고 클릭하지만, 숏츠나 릴스는 사용자가 숏폼 영상들을 스크롤 하다 초반 부분이 흥미롭다고 느끼면 끝까지 보게 되는 구조다. 그래서 숏폼 콘텐츠의 경우 섬네일과 제목이 필요 없는 것처럼 보일 수 있다. 그러나 숏폼에도 섬네일과 제목은 여전히 필요하다. 섬네일을 통해 숏폼 콘텐츠를 보게 되는 사례도 있기 때문이다.

　유튜브 숏츠는 유튜브 메인 페이지에서 상단이나 스크롤을 조금 내린 위치에 섬네일 형태로 표시된다. 이때 사용자는 섬네일을 보고 숏츠를 시청하기 위해 클릭할 수 있다. 인스타그램 릴스의 경우, 인스타그램 하단 탭 중 돋보기 모양의 '탐색' 탭을 누르면 무작위 게시물들이 노출된다. 여기서는 이미지 콘텐츠와 영상 콘텐츠가 함께 보이는데, 어떤 릴스는 자동으로 재생되고 어떤 릴스는 섬네일만 보이는 경우가 있다. 따라서 시청자가 섬네일을 보고 릴스를 클릭할 수도 있는 구조다.

과정을 보여주는 숏폼 콘텐츠의 경우에는 또 다른 목적이 있다. 인스타그램 릴스를 기준으로 시청자의 이동 동선을 고려한 활용 방법이다. 시청자가 릴스를 스크롤 하다 특정 릴스가 흥미롭게 느껴지면 해당 계정의 프로필을 클릭하여 들어오는 경우가 있다. 과정을 보여주는 콘텐츠는 특성상 시청자가 다음 과정이나 이전 과정을 확인하고 싶어 하기 때문에 전체적인 스토리를 찾아볼 확률이 높다. 하나의 릴스를 통해 인스타그램 계정으로 들어와 다른 릴스를 더 보게 되는 것이다. 이 경우 계정에 업로드된 릴스들은 섬네일이 공개된다. 이때 '이 영상이 뭘까?'라는 궁금증을 유발할 수 있는 섬네일을 통해 시청자가 한 편이라도 더 보게 만들어야 한다. 그래서 후킹 요소가 있는 섬네일이 필요하다.

인스타그램 릴스 섬네일을 만들 때는 텍스트를 삽입하며, 일부러 부정적인 분위기나 일이 잘 풀리지 않는 듯한 뉘앙스를 담아 궁금증을 유도하는 카피라이팅을 활용한다. 대부분 본능적으로 부정적인 일이나 문제가 생긴 상황에 대해 관심을 두고 내용을 확인하고 싶어 하는 경향이 있기 때문이다. 길거리에서 싸움이 나거나 화재가 발생하면 괜히 지켜보고 싶은 마음이 드는 것과 같다. 따라서 과정 중에 실제로 일이 잘 풀리지 않는 경우에는 그 상황 그대로, 긍정적인 일이더라도 일부러 부정적인 뉘앙스로 섬네일을 구성해 궁금증을 유도한다.

나의 릴스로 예를 들어보겠다. 자동화 수익 시스템을 세팅해 보는 과정을 릴스로 올린 적이 있다. 자동화 수익 시스템을 위해서 '카자비'라는 자동 이메일 발송 프로그램을 사용했는데 DB 수가 많아지면서 월 비용이 많이 증가했다. 200명이 넘자 요금제는 월 21만 원으로 상승했고, 이 비용은 부담스러운 가격이었다. 다른 대안을 찾던 중 월 4만 원대로 이용 가능한 프로그램을 발견했고, 이를 세팅한 과정을 콘텐츠로 올렸다. 이 릴스의 섬네일에는 '자동화 수익 시스템 완성. 월 21만 원 → 월 4.2만 원'이라는 문구를 삽입했다. '월 21만 원에서 4.2만 원으로 줄었다는 것이 수익인지, 고정비인지'를 명확히 적지는 않았다. 시청자 관점에서는 수익이 줄었다는 의미로 받아들일 수 있는 카피라이팅이었다. 이로 인해 시청자는 무슨 일이 있었는지 궁금해하며 릴스를 클릭하게 된다.

이처럼 사실은 긍정적인 일인데도 불구하고 '뭔가 잘못된 것으로 보이게' 만드는 카피라이팅을 활용한다. 무작정 부정적인 단어나 문장을 넣는다고 되는 것은 아니다. 또한 꼭 부정적인 느낌의 카피라이팅만 써야 하는 것도 아니다. 이는 참고할 수 있는 하나의 방식이며, 나의 경우에는 이런 전략이 효과가 있었고 여전히 유효하게 활용하고 있다.

글쓰기로 깊이를 더하고,
이야기를 완성하라

우리는 지금보다 잘 먹고 잘살고 싶어 한다. 그러려면 보다 많은 수익을 낼 수 있어야 한다. 그러기 위해서는 소비자가 아니라 생산자가 되어야 한다. 물건을 사는 사람보다 파는 사람이 더 많은 이익을 얻는 건 당연한 일이다. 이는 단지 물건에만 해당하는 것이 아니다. 특히 요즘은 동영상 콘텐츠를 소비하는 사람보다 생산하는 사람이 더 많은 기회와 이익을 얻는다. 그러면 어떻게 해야 탁월한 동영상 콘텐츠 생산자가 될 수 있을까? 그 시작은 바로 '글쓰기'다.

일상 곳곳에는 글이 존재한다. 물건을 구매하려 할 때, 쿠팡이나 네이버와 같은 플랫폼을 통해 검색하게 되는데, 그 순간부터 수많은 글이 눈에 들어온다. 상품 제목, 간략 설명, 상세페이지 등 모든 곳에 글이 있다. 이러한 글들은 너무 흔하게 접하다 보니 그 가치나 중요성을 인식하지 못한다. 그러나 이 글들을 생산자의 시선에서 보면 전혀 다르게 느껴진다. 소비자가 어떤 글에 끌릴지 고민해야 하며, 이는 결코 쉬운 일이 아니다. 쓰인 글을 보기만 했지 글쓰기를 해 본 적이 별로 없기 때문이다. 따라서 글을 자주 쓰는 습관이 필요하다.

글쓰기 능력은 단지 제품을 판매하는 데만 필요한 것이 아니다. 온라인에서 매출을 늘리기 위한 마케팅 채널에는 블로그, 유튜브, 인스타그램 등이 있다. 블로그는 글을 써서 포스팅해야 하고, 유튜브는 영상이지만 그 바탕에는 대본이라는 글이 필요하다. 인스타그램 또한 이미지나 영상 콘텐츠와 함께 글을 작성해야 하므로 글쓰기 능력은 필수적이다. 생산자가 된다는 것은 '글을 쓸 줄 아는 사람'이라는 의미다.

그런데 단순히 글을 자주 쓴다고 해서 능력이 향상되는 것은 아니다. 다양한 목적의 글을 써봐야 한다. 예를 들어 일기, 블로그 포스팅, 자아 성찰의 글, 책 출간용 원고, 동영상 대본, 상품 판매 글 등은 모두 성격이 다르다. 일기는 개인적인 기록으로 비공개적이며, 상품 판매 글은 공개를 전제로 한다. 대본은 구어체로 작성되어야 하며, 이는 문어체로 작성하는 일반 글쓰기와 또 다른 능력이다.

글쓰기가 콘텐츠 생산자의 기초 능력이며, 큰 도움이 되는 이유는 내 생각을 정리하고 표현하는 힘을 기르는 데에 매우 효과적이기 때문이다. 넷플릭스를 통해 작품을 보고 느낀 감정을 글로 옮기려고 하면 바로 체감될 것이다. 표현을 고민하면서 머릿속의 흐릿한 생각과 감정을 구체화하게 된다. 이런 과정을 통해 생각이 정리되고 메타인지가 높아지며, 다른 일을 수행하는 능력도 자연스럽게 향상된다. 이는 곧 다른 사람에게 자신의 생각을 명확하게 전달하는 능력으로 이어진다.

글을 처음 쓰는 사람에게는 막막하게 느껴질 수 있다. 이럴 때는 네이버 블로그를 개설하고, 그날 떠올랐던 무의식적인 생각이나 감정을 구체적으로 기록하는 연습을 하는 것이 좋다. 예를 들어, 누구를 만나고 난 후 떠오른 감정이나 어떤 상황에서 느꼈던 점 등을 적는다. 무의식적으로 떠오른 생각을 글로 적고 그것을 제삼자의 관점에서 관찰하면 메타인지가 높아진다. 만약 블로그에 글을 공개하는 것이 거부감이 든다면, 그 감정 또한 글로 적어보는 것이 좋다. 자신이 당연하게 여기는 생각이나 진리처럼 믿고 있는 신념들에 대해 글로 적고, 왜 그런 생각을 하는지에 대해 스스로 질문을 던지는 것이다. 그리고 그 질문에 답하고 다시 질문하며 사고를 확장한다.

일정 시간이 지난 후 다시 글을 읽고, 수정하고 싶은 문장이 있다면 고치는 과정도 필요하다. 이는 글에 대한 객관적인 시선을 기르는 훈련이 된다. 또한 좋다고 느낀 디자인, 인테리어, 글, 동영상 등에 대한 느낌을 구체적으로 남기는 것도 좋은 글쓰기 훈련이 된다. 어떤 식당이나 카페를 방문했을 때 좋다고 느꼈다면 그 이유를 구체적으로 관찰하고 기록한다. 이는 단순한 감상에서 끝나는 것이 아니라 생산자의 관점에서 공간이나 콘텐츠를 분석하고, 그 의도를 파악하는 훈련이다. 예를 들어 한 라멘 가게에서는 자리에 머리끈이 비치되어 있었고, 오픈 주방이 청결하게 관리되고 있었으며, 냉장고 안의 재료 용기에 제조 일자가 적혀 있는 등 디테일한 요소들이 긍정적인 인상을 남겼다. 이런 것들을 기록함으로써, 생산자인 사장님의 사고방식을 유추하고 글로 정리하는 과정이 가능해진다.

동일한 방식으로, 유튜브나 인스타그램에서 재미있게 본 콘텐츠에 대해서도 분석이 필요하다. 왜 재미있었는지, 어떤 부분이 시선을 끌었는지를 글로 정리한다. 이렇게 누적된 관찰과 기록은 콘텐츠를 제작하는 데에 매우 유용한 자료가 된다.

조회수와 '좋아요' 수가 높은 동영상 콘텐츠는 그럴 만한 이유가 있다. 이미 잘된 콘텐츠를 분석하고 그 구조와 이유를 파악해서 자신에게 적용하는 것이 필요하다. 이것이 '벤치마킹'이다. 다른 사람이 만든 콘텐츠를 분석함으로써 계속 기획 감각을 길러가야 하는 것이다.

어떤 것이든 장기적인 시각을 갖는 것이 중요하다. 콘텐츠 생산자가 되기 위해 글쓰기를 해 보면 단기간 내에 추가 수익이 발생한다거나 좋은 결과가 나오지는 않는다. 어떤 것이든 무언가를 처음 배우고 익힐 때 바로 능숙하게 되는 경우는 드물다. 실력을 점점 쌓아간다는 생각으로 장기적인 시각을 갖고 꾸준히 해야 한다. 지속적으로 글을 쓰면 필력은 향상될 것이고 이는 콘텐츠의 질적 향상도 불러오게 될 것이다.

단계별 프로세스로
체계적으로 콘텐츠를 발행하라

이제 책의 마무리로 완성도 높은 콘텐츠가 나오기까지의 과정을 정리해 보겠다.

1단계: 무의식으로부터의 자유

과정을 보여주는 콘텐츠는 자신의 모습을 불특정 다수에게 드러내야 하기에 심리적 장벽이 작동하여 제작 자체를 막는다. '내 동영상 콘텐츠를 보고 누군가 내가 사는 곳을 찾아오면 어떡하지'와 같은, 어떻게 보면 말이 안 되는 일을 상상하고, 그 망상이 콘텐츠 제작과 업로드를 가로막는다. 이러한 생각과 두려움과 같은 감정들은 과거의 경험을 기반으로 만들어진 의미 부여의 결과다. 과거에 겪은 일로 인해 미래도 그렇게 될 것이라 믿으려는 것이다. 이는 자신을 보호하려는 방어기제일 뿐이며, 무한한 가능성과 잠재력을 막는 요소이기도 하다. 이런 감정이 왜 드는지를 알기 위해서는 자신의 과거를 탐구해야 하며, 그래야 무의식중에 올라오는 다양한 이유와 감정으로부터 자유로워질 수 있다. 이 상태가 되어야 과정을 원활하게 보여주는 콘텐츠를 만들 수 있다.

실행 과정을 올렸던 릴스 중에 '마케팅 대행해 보기'가 있다. 마케팅 대행을 해 드릴 사업체를 찾아 동네를 돌아다니며 탐색해 본 결과, 필라테스숍과 당시 생긴 지 얼마 안 된 갈비탕집이 눈에 들어왔다. 둘 다 한 번도 가본 적 없는 곳이었다. 나는 무작정 방문해서 '마케팅 대행을 해 드리겠습니다.'라는 제안을 했다. 물론 두려움이 앞섰다. '거절하시면 어떡하지?', '일하시는데 내가 방해하는 건 아닐까?', '불쾌해하시면 어떡하지?' 등등 온갖 생각과 감정이 하지 말라고 나를 붙잡았다. 그러나 나는 내 무의식에서 올라오는 생각과 감정을 인지하고 전환할 수 있기에 그런 두려운 감정들을 마주하기로 했다. 거절하면 그냥 알겠다고 하고 나오면 된다. 불쾌해하시면 죄송하다고 하면 된다. 그렇게 문을 열고 들어갔다.

이렇게 두려운 감정을 돌파할 수 있었던 것은 내 과거를 탐구했기 때문이다. 어머니 혹은 아버지에 대해 갖고 있는 불편한 감정, 내면을 들여다보았다. 다른 사람으로부터 어떤 말을 들었을 때건 어떤 상황을 겪었을 때건 반응하던 내 부정적인 감정들을 항상 인지했다. 그리고 스스로 왜 그런 감정을 느끼는지 물어봤다. 납득할 수 있는 답이 나올 때까지 계속 묻고 답을 찾아 부정적인 감정들을 해소했다.

2단계: 신념, 사명, 나만의 이유 찾기

과정을 보여주는 콘텐츠를 지속하려면 나만의 이유와 비전, 사명을 찾아야 한다. 성과나 불가능성 같은 외부 기준이 아닌, 세상에서 해결되었으면 하는 문제에 집중해야 한다. 예를 들어, 누군가는 심리적인 방어기제로부터 자유로워져 실행을 잘하기를 바랄 수 있다. 이럴 경우 실행하는 자신의 과정을 여과 없이 보여주면서 시청자에게 '나도 할 수 있을까?'라는 감정을 불러일으키고, 관심을 유도할 수 있다. 카페 창업 과정을 보여주는 콘텐츠도 동일하다. 자신이 먼저 겪은 시행착오를 다른 사람들과 공유하여 그들이 시행착오나 실패를 덜 겪게 하겠다는 사명, 혹은 자신의 도전을 통해 다른 이들이

용기를 낼 수 있게 만들겠다는 목적이 해당된다. 이런 사명이 있어야만 복잡한 실행 단계를 장기적으로 지속할 수 있다.

  마케팅 대행을 해 드리겠다고 제안하기 위해 필라테스숍과 갈비탕집에 들어가기 전, 문 앞에서 두려운 감정을 마주했을 때 사명을 떠올렸다. 내가 지금 하는 이 행위는 릴스로 만들어 올릴 것이다. 그러면 나는 왜 이런 릴스를 제작해서 올려야 할까. 내 사명은 '제대로 된 방향으로 꾸준히 실행하는 사람은 본인이 원하는 삶을 만들어 갈 수 있다'이다. 나는 이 사명이 사실임을 보여주어야 한다. 그러니 실행해야 한다. 마케팅 대행 제안을 거절하시든 승낙하시든 내가 이런 실행을 했다는 것 자체가 사람들에게 영감이 될 것이다. 그리고 이 실행 이후에 지금은 내가 결코 예상할 수 없는, 상상할 수 없는 결과로 이어질 것이란 걸 믿었다. 그 결과가 나타나려면 나는 지금 이 실행을 해야 한다. 그렇게 문을 열고 들어가서 녹음기를 켜고 처음 보는 필라테스숍 원장님, 갈비탕 사장님께 마케팅 대행 제안을 했다.

3단계: 주제 선정 및 벤치마킹

무의식으로부터 자유로워지고 사명이 확립된 이후에는 주제를 정해야 한다. 단순히 남들이 잘하는 것을 따라 선택하면 콘텐츠 제작은 금세 한계를 드러낸다. 1단계와 2단계를 충분히 거치면 남들이 하는 주제를 다루더라도 차별점이 자연스럽게 생긴다. 차별화는 '남과 달라야지'라는 인위적인 의도에서 나오는 것이 아니라, 내면에서 우러나는 이유와 목적에 따라 자연스럽게 드러나는 것이다. 지금까지 해 온 활동 중에서 '이건 꼭 해 봐야겠다'라고 직관적으로 떠오르는 주제가 있다면, 그것을 따르는 것이 좋다. 직관에서 창의성이 나오기 때문이다. 하지만 많은 사람이 직관이 떠올라도 외부 시선을 의식해 여러 이유를 덧붙이고 결국 '안 될 것 같다'라는 생각을 따른다. 결과를 얻기 위해서는 이러한 판단을 거부하고 직관을 따르는 용기가 필요하다.

주제를 정한 후에는 벤치마킹을 한다. 같은 카테고리 안에서 잘된 영상, 다른 카테고리에서 잘된 영상을 분석하고, 그 내용을 글로 정리해 어떤 요소를 자신의 콘텐츠에 적용할지를 결정한다.

나는 과정을 보여주는 릴스들을 보고 분석했다. 과정을 보여주는 것 외에 조회수가 잘 나온 릴스들도 많이 찾아보며 장면 전환을 몇 초쯤 하는지, 어떤 장면을 영상 소스로 넣는지, 왜 그런 영상 소스를 썼는지, 자막은 어떤 식으로 편집하는지 등등을 벤치마킹했다. 조회수가 잘 나온 대다수의 릴스에서 발견한 공통점이 장면 전환이 많다는 것이었다. 장면은 2초~3초마다 바뀌었고, 하나의 릴스를 만들기 위해서 촬영해야 할 다른 장면의 영상이 최소 6~7개는 되어야 한다는 것을 알았다.

4단계: 크고 작은 그림의 기획

전체적인 큰 그림을 그리고, 그 안의 작은 단계 중 어떤 부분을 보여줄지를 결정한다. 그런 다음 대본을 작성한다. 과정을 설명하는 내레이션은 동영상에 삽입될 소리를 제거하고 따로 녹음해야 하므로, 어떤 영상 소스를 사용할지도 함께 계획한다.

먼저 마케팅 대행 제안을 하는 영상을 머릿속으로 그려보았다. 내가 기획한 내용은 한 번도 방문해 본 적 없는 필라테스숍과 갈비탕집에 무작정 들어가서 제안을 한다는 것이다.

사람들이 '와, 실행력이 대단하네.'라는 느낌을 받기 위해 뭔가 비장하게 걸어가는 영상 소스가 필요했다. 또 실행의 리얼함을 주기 위해 마케팅 대행을 제안하는 대화가 들어가야 했다. 그리고 대본을 작성했다. '마케팅 대행을 위해 한 번도 가본 적 없는 가게 대표님께 제안하러 갔다'라는 내용, 대화의 내용, 그리고 마지막 결말은 2가지 경우로 나눠서 기획했다. 대행을 거절했을 때와 대행을 승낙했을 때 각각을 대비해서 릴스 마지막에 삽입할 내레이션을 짰다.

실제로 마케팅 대행 제안을 하면서 나눈 대화를 녹음할 수는 있었지만, 필라테스 원장님이나 갈비탕 사장님과 대화하는 장면은 촬영할 수가 없었다. 그래서 릴스를 만들 때 녹음한 대화가 나오는 부분은 직접 찍은 장면이 아니라 이미지를 넣어서 편집했다.

5단계: 촬영 및 녹음

기획이 완료되면 영상 소스를 촬영한다. 이때, 계획한 것만 촬영하기보다는 즉흥적으로 떠오르는 것도 함께 촬영하는 것이 좋다. 다양한 모습이 영상에 담기면 시청자에게 신뢰를 준다. 예를 들어, 일상 속에서 노트북 작업 장면을 수시로 촬영해 두는 것도 좋은 방법이다. 그리고 촬영 시 중요한 요소는 '내가 누구인지' 직관적으로 전달되는 의상과 배경이다. 이후에는 작성한 대본을 녹음한다. 이때 실제로 누군가에게 말을 하듯 자연스럽게 녹음하는 것이 좋다. 문장을 외우거나 그대로 읽기보다는 의도와 전달하려는 감정을 살려서 말한다. 중간에 실수가 있을 경우 잠시 멈췄다가 다시 말하면 된다.

실제 영상은 필라테스숍이 있는 상가 복도에서 찍었다. 갈비탕집 촬영은 2층에 있는 가게를 방문하는 모습을 나의 시점을 기준으로 찍었다. 기획 단계에서는 없었는데, 필라테스숍에 들어가기 전 불안하고 떨려서 근처 벤치에 앉아 마인드 컨트롤을 할 때가 있었다. 이 모습을 기획 단계에선 생각하지 못했는데 '이 장면도 찍어두면 좋겠다'라는 생각이 즉흥적으로 들어서 영상에 담았다.

이 릴스에는 실제로 실행 과정, 실행하며 느낀 점을 말하는 부분이 있다. 뒷부분의 내레이션이 나올 때 필요한 동영상 소스는 일상 모습을 촬영했다. 카페에서 노트북으로 작업하는 모습이나 미팅 때 등등 다양한 장면들을 많이 찍어두었다.

6단계: 편집

녹음된 내레이션 파일과 영상 소스가 준비되었으면 편집을 시작한다. 주로 프리미어 프로, 캡컷, 파이널컷을 사용한다. 처음 편집 프로그램을 사용할 때는 유튜브에 올라온 튜토리얼을 참고하면 좋다. 편집은 보통 내레이션 음성부터 시작한다. 불필요한 문장을 삭제하고, 문장 사이의 쉼표 구간도 모두 제거하여 지루함이 생기지 않도록 한다. 이후 영상 소스를 배치하며 컷편집을 한다. 특히 숏폼은 3~4초마다 장면이 바뀌어야 시각적인 피로감을 줄일 수 있다.

그다음에는 자막을 삽입한다. 무음으로 시청하는 사람들도 있기에 자막은 필수다. 프리미어 프로나 캡컷에는 AI 자동 자막 기능이 있지만 완벽하지 않기 때문에 점검 후 수정을 해야 한다. 편집이 끝나면 영상 전체를 처음부터 끝까지 재생해 보며 놓친 부분이 없는지 점검하고 수정한다. 모든 과정을 하루에 끝내기보다는 촬영, 대본, 녹음, 편집 등 각 단계를 나누어 진행하는 것이 좋다.

실제 편집 과정은 다음과 같다. 먼저 '마케팅 대행 제안을 해 봤다'라는 릴스의 내레이션을 편집했다. 녹음한 파일을 프리미어 프로에 옮기고, 문장 내에서 어절과 어절 사이에 소리가 비어있는 부분, 문장과 문장 사이에 소리가 비어있는 부분을 모두 삭제했다. 그리고 내레이션만 처음부터 끝까지 들어보며 불필요한 문장을 지운다. 문장 순서를 바꾸면 좋을 부분을 찾아 위치도 바꾼다. 그다음, 기획했던 대로 내레이션별로 넣으려 했던 장면들을 넣는다. 마케팅 대행을 제안하며 나눈 대화를 녹음한 부분은 이미지를 넣어서 편집했다. 셀카 사진과 필라테스숍 원장님, 갈비탕집 사장님 느낌이 나는 스톡 이미지를 찾아 넣었다. 그다음 자막을 넣었다. 녹음한 대화가 나오는 부분에서 내가 말하는 부분은 셀카 사진 옆에 자막을 넣고, 필라테스숍 원장님이나 갈비탕집 사장님이 말씀하신 부분은 스톡 이미지 옆에 자막을 넣었다.

7단계: 섬네일 제작

섬네일 제작은 포토샵, 파워포인트, 미리캔버스, 캔바 등을 활용한다. 포토샵과 파워포인트는 설치형 프로그램이고, 미리캔버스와 캔바는 웹 기반이다. 유튜브 롱폼과 인스타그램 릴스, 유튜브 숏츠는 영상 형식이 다르기에 섬네일 비율도 달라야 한다. 유튜브 롱폼은 가로 1920, 세로 1080의 비율이고,

릴스와 숏츠는 가로 1080, 세로 1920이다. 섬네일은 정보를 축약해 간결하게 작성하는 것이 좋으며, 후킹 요소로 작용할 수 있도록 매력적인 표현을 담아야 한다.

8단계: 업로드

유튜브 롱폼은 PC나 노트북을 통해 업로드하는 것이 좋다. 섬네일, 제목, 태그, 카드 삽입 등 디테일한 설정을 하기에 적합하기 때문이다. 반면 인스타그램 릴스와 유튜브 숏츠는 모바일 업로드가 효율적이다. 인스타그램은 모바일에서만 자체 배경 음악 삽입이 가능하며, 플랫폼도 이를 권장한다. PC에서는 고화질 업로드나 섬네일 변경 등이 불가능하다. 유튜브 숏츠 역시 모바일 업로드에 최적화되어 있다.

에필로그

기록을 멈추지 마라

"과정이 어떻든 간에 결과가 중요하지, 과정은 안 남아. 남는 건 결과뿐이야. 결과만 좋으면 되지."

내 관념 속에 깊게 박혀 있던 말이었다. 너무나도 당연해서 애초에 틀릴지도 모른다는 의심조차 하지 못했던 사실이었다. 나뿐만 아니라 많은 사람이 이런 분위기 속에서 자라왔다. 지금 사회도 빠른 결과를 요구하는 분위기 속에 있다. 다들 즉각적인 결과를 바란다. 무언가를 시도하거나 행동하면 바로 성과가 있어야 한다고 믿는다. 성과나 결과로 이어지지 않으면 그간의 시도와 행동은 시간 낭비이자 쓸모없는 짓으로 여긴다.

과정을 보여주는 콘텐츠는 이런 상식을 뒤집는 행위다. 즉 각적인 결과를 보여주는 것이 아니라, 하나의 결과를 만들기 위해 어떤 과정을 겪었는지를 보여주는 콘텐츠다. 이러한 콘텐츠를 보면서 사람들은 자신을 투영한다. 누군가는 과거에 결과를 위해 고군분투했던 자신을 떠올리며 응원의 마음을 갖기도 하고, 또 다른 누군가는 자신은 시도조차 못 하는데 누군가는 실행하고 있다는 점에서 흥미를 느끼고, 과연 그 사람은 결과를 이룰 수 있을지 지켜보기도 한다. 이렇게 과정을 보여주는 콘텐츠는 사람들에게 영감을 주고 동기부여가 된다. 이는 세상에 가치를 만들어 내는 행위이며, 그런 가치를 꾸준히 만들어 내면 결국 세상으로부터 보상을 받게 된다. 이러한 콘텐츠는 곧 대기업에도 적용될 것이라 예상된다.

현재 대기업은 아웃풋 이코노미, '완성된 결과'를 중심으로 움직인다. 기술력이 중요하고, 그것이 외부에 노출될 경우 큰 손해를 초래할 수 있기 때문이다. 또, 제품 개발에는 수많은 협력업체가 얽혀 있어서 과정을 보여주려면 협력업체의 동의가 필요한데, 이 또한 쉽지 않다. 그러나 대기업은 불가능을 가능케 해 온 조직이고, 과정을 보여주는 콘텐츠의 가치만

인정한다면, 결국 이 역시 실행하게 될 것이라고 본다. 이러한 시기가 오면 기회는 과정을 보여주는 콘텐츠를 생산할 수 있는 사람에게 온다. 지금부터 그 역량을 쌓아야 한다. 대기업과 협업하는 것은 같은 시간과 에너지를 들였을 때 훨씬 큰 가치를 만들어 내는 일이므로 사회적으로도 큰 기여가 된다. 나는 이때를 대비하고 있다.

사람들은 늘 치트키를 원한다. 하기만 하면 바로 큰 결과가 따라오는 비법 같은 것이다. 나는 그 치트키가 바로 과정을 보여주는 콘텐츠라고 생각한다. 앞으로 동영상 콘텐츠 제작은 누구나 할 수 있게 될 것이고, 결국에는 단순한 제작이 아닌 '잘 만들 수 있는 능력'이 요구될 것이다. 여기서 잘 만든 콘텐츠란 자신의 과정을 꾸준히 솔직하게 보여주는 콘텐츠다.

그러나 자신의 과정을 드러내야 하기에 심리적 장벽이 크다. 콘텐츠 제작 방법을 배우는 건 중요하지 않다. 무엇보다 '실행할 수 있는' 상태가 되어야 한다. 책이나 강의로 알게 된 것은 진정성이 없다.

무의식을 인지할 수 있게 되고 나 자신을 수용할 수 있게 되어 사명이 확고해지면 사실 방법 따위는 몰라도 된다. 자발적으로 실행하며 직접 해 보면 방법은 금세 터득할 수 있기 때문이다. 그렇기에 이 책에 실행을 위한 마인드 셋에 대한 내용을 더 비중 있게 담았다.

나는 모든 이가 실행을 통해 자신이 원하는 삶, 행복한 삶을 살아가게 되기를 바란다. 그것이 나의 사명이다. 이 사명을 실현하기 위한 최고의 도구가 바로 '과정을 보여주는 콘텐츠'이다. 이 콘텐츠의 힘을 더 많은 사람이 알게 되고, 실행할 수 있게 되기를 바란다.

내가 집중하는 가장 핵심적인 한 가지는 코칭이다. 나는 사람의 의식, 무의식, 마음, 마인드에 대해 공부했고, 그 결과 스스로를 '실행력이 높은 사람'으로 변화시킬 수 있었다. 그리고 나뿐만 아니라 다른 사람들을 코칭해 나처럼 변화시키는 일을 한다. 그중에는 잘 다니던 대기업을 관두고 적극적으로 행복을 찾아 살아가는 분이 있다. 이분은 작가가 되었고 '감정 코칭'으로 다른 사람들의 삶에 변화를 만드는 일을 하고 있다.

또 다른 분 중에는 돈이 안 될 것 같다며 음악 활동을 관둔 분이 있다. 그런데 코칭을 해 드리자 자신이 진정으로 원하는 건 역시 '음악'이었다는 걸 깨닫고 다시 시작하셨다. 그 결과

좋은 성과들이 이어져 한강뷰가 보이는 곳에 작업 공간을 얻고, 외국 팬들이 생겨 본인이 원하는 삶을 살아가고 계신다. 이런 사람들을 한 명이라도 더 만드는 것이 내 사명이다. 내 모든 행위는 오직 이 한 가지 사명으로 귀결된다. 이 지식을 다른 이들에게도 전하고 싶다. 모두가 나처럼 실행하고, 자신이 원하는 것이 무엇인지 정확히 알고, 주체적이고 주도적으로 인생을 살아가며 행복을 느끼길 바란다. 이 사명의 일환으로 나는 삶의 과정을 동영상 콘텐츠로 보여주고 있다. 나를 보며 사람들이 '어떻게 저 사람은 실행을 잘하지? 나도 저렇게 되고 싶다'라고 느끼게 만들고 싶다. 그리고 실제로 그렇게 되어가고 있다.

지금까지 해 보지 않았던 것을 시도하고 실행하는 것은 하나의 점을 찍는 것이다. 점은 찍어두면 나중에 어떻게 해서든 선으로 연결된다.

"Connecting the dots."

故 스티브 잡스가 한 말이다. 우리가 삶에서 겪는 경험들은

각각 하나의 점이 되어, 시간이 흐른 뒤에 그 점들이 서로 연결된다는 의미다.

스티브 잡스는 리드대학교에 다니던 중 사업을 위해 자퇴했다. 자퇴 후 정식 수업은 들을 수 없었지만, 캘리그래피 수업은 수강할 수 있었다. 이 수업에서 그는 serif와 sans serif 서체, 자간, 문자 간 조합 등에 대해 배웠다. 당시엔 매우 흥미롭긴 했지만 실용적이거나 당장 쓸모 있는 내용은 아니었다. 그러나 이후 매킨토시 컴퓨터를 개발할 때, 이 캘리그래피 수업에서의 경험이 결정적인 역할을 했다. 그는 배운 내용을 컴퓨터에 반영했고, 그 결과 매킨토시는 아름다운 글꼴을 가진 최초의 컴퓨터가 되었다. 이에 대해 스티브 잡스는 "미래에선 점들이 어떻게 연결될지 알 수 없지만, 지나간 시간을 돌아보면 모든 점이 이어져 있었음을 깨닫게 된다"라고 말한다. 그래서 과거의 점들이 미래에 연결될 것이라는 믿음을 바탕으로 실행해야 한다고 강조했다.

나 역시 그러했다. 남들보다 어린 나이에 어른이 되면 무슨 일을 해야 할지 진지하게 고민했다. 어떤 일을 하든 사람들이 나로 인해 긍정적인 영향을 받고 변화되었으면 좋겠다는 마음이 있었다. 그러다 20살이 되어 정한 꿈이 '프로 마술사'였다. 세상에 마법은 없지만, 마술을 통해 사람들에게 긍정적인 영향을 줄 수 있다고 생각했다. 마술을 공부하면서 소극장에서 마술 공연도 올렸다. 그 과정에서 느낀 건 마술 외에도 무대 장악력을 키워야 한다는 점이었다. 그래서 연기를 배우기 시작했고, 오히려 연기가 더 잘 맞는다고 느껴 마술 대신 배우의 길을 선택했다. 그러나 무명 배우로 활동하며 작품에 참여할 기회가 줄어들자, 사업으로 눈을 돌려 지금까지 오게 되었다.

이 여정만 보면 겉으로는 실패의 연속이다. 프로 마술사도, 배우도 되지 못했다. 그러나 이 모든 경험이 하나의 점이 되어 지금의 나를 만들었다. 사람의 마인드를 바꾸는 코칭을 할 수 있게 되었고, 과정을 보여주는 콘텐츠를 잘 만들 수 있게 되었다.

마술과 연기를 하며 사람의 심리를 공부하게 되었고, 이는 사람을 더 깊이 이해하게 해 줬으며 코칭 역량을 키워주는 밑거름이 되었다. 엑스트라 일을 하면서는 촬영 현장을 몸소 체험하며, 실제 장면과 화면에 담긴 장면의 차이를 배웠고, 그 덕분에 동영상 콘텐츠를 효과적으로 만드는 힘을 얻게 되었다.

지금 이 책을 집필하는 일 또한 내 인생에서 하나의 점이 될 것이다. 예기치 못한 미래의 기회를 여는 데 이 책이 중요한 역할을 할 것이라고 확신한다. 그러니 지금 당장 성과가 없고 결과가 보이지 않는다고 해서, 쓸모없는 행동이거나 시간 낭비라고 생각하지 않았으면 한다. 지금은 도움이 되지 않는 것처럼 보여도, 실행하고 실패한 경험들은 언젠가 반드시 내게 도움이 된다. 책을 읽고, 강의를 듣고, 교육을 받는 것만으로는 진짜 배움이 일어나지 않는다. 아무리 좋은 책을 읽어도 단지 '좋은 걸 읽었다'라는 기분만 남을 뿐이다. <u>진짜 배움은 내가 직접 실행하고, 실패하면서 생긴다. 그렇게 얻은 지식만이 내 것이 된다.</u> 내가 과정을 보여주는 콘텐츠의 힘을 인식하고 잘할 수 있게 된 것도, 어느 한순간의 큰 깨달음 덕분이다.

이 책을 쓸 수 있기까지 여러 도움과 가르침을 받았다. 과정을 보여주는 콘텐츠에 대한 깨달음을 만들어 주신 박세니 선생님께 감사의 인사를 전한다. 그리고 이 책이 세상에 나올 수 있도록 출판 계약을 기꺼이 체결해 주신 플랜비디자인 최익성 대표님께도 감사하다. 그리고 제 사업 멘토, 에이그라운드의 김서한 대표님께도 감사하다는 말씀을 전한다. 김서한 대표님이 존재하지 않으셨다면 지금 이만큼 성장한 나 역시 존재하지 않았을 것이다.

   당신은 지금, 또 하나의 점을 찍었다. 이 책을 읽었다는 점이다. 이제는 이 점이 선으로 이어지게끔 만들어야 한다. 그러기 위해선 또 하나의 점을 찍어야 한다. 이 책을 덮는 순간이 끝이 아니라, 세상에 당신만의 점을 더 많이 찍어 나가는 출발점이 되기를 바란다. 당장 거대한 성과가 보이지 않아도 괜찮다. 당신이 걸어가는 그 과정 자체가 가치이자, 세상을 변화시킬 콘텐츠가 될 자격을 충분히 갖추고 있으니까.

   세상은 언제나 당신을 기다리고 있고, 그런 여정 속의 당신을 응원한다. 그리고 언젠가, 당신이 보여준 과정이 또 다른 누군가에게 영감이 될 것이다. 그러기 위해 나 또한 지금 '책 출간'이라는 하나의 점을 찍는다.

인스타그램

과정이 콘텐츠다

초판 1쇄 발행 2025년 8월 1일

지은이 박선오

책임편집 정온지
표지 디자인 스튜디오 사지
내지 디자인 박은진
마케팅 임동건　**마케팅지원** 신현아　**경영지원** 이지원

펴낸곳 파지트　**펴낸이** 최익성
출판등록 제2021-000049호

주소 경기도 화성시 동탄원천로 354-28　**전화** 070-7672-1001
이메일 pazit.book@gmail.com　**인스타** @pazit.book

© 박선오, 2025
ISBN 979-11-7152-102-9 (03320)

- 이 책 내용의 일부 또는 전부를 재사용하려면 반드시
  저작권자와 파지트 양측의 동의를 받아야 합니다.
- 책값은 뒤표지에 있습니다.

THE STORY FILLS YOU
책으로 펴내고 싶은 이야기가 있다면, 원고를 메일로 보내주세요.
파지트는 당신의 이야기를 기다리고 있습니다.